浙水遗韵

理水绍兴

《浙水遗韵》 编委会 编

杭州出版社

图书在版编目（CIP）数据

理水绍兴 / 《浙水遗韵》编委会编 . -- 杭州 ： 杭
州出版社，2022.12

（浙水遗韵）

ISBN 978-7-5565-1951-4

Ⅰ．①理… Ⅱ．①浙… Ⅲ．①水－文化遗产－介绍－
绍兴②水利工程－文化遗产－介绍－绍兴 Ⅳ．
① K928.4 ② K878.4

中国版本图书馆 CIP 数据核字（2022）第 214358 号

理水绍兴

Lishui Shaoxing

《浙水遗韵》编委会　编

责任编辑	夏斯斯
文字编辑	邹乐陶
装帧设计	卢晓明　屈　皓　蔡海东
美术编辑	王立超
责任校对	陈铭杰
责任印务	王立超
出版发行	杭州出版社（杭州市西湖文化广场 32 号 6 楼）
	电话：0571-87997719　邮政编码：310014
	网址：www.hzcbs.com
印　刷	浙江国广彩印有限公司
经　销	新华书店
开　本	710mm×1000mm　1/16
印　张	17.75
字　数	285 千字
版　次	2022 年 12 月第 1 版　2022 年 12 月第 1 次印刷
书　号	ISBN 978-7-5565-1951-4
定　价	98.00 元

《浙水遗韵》编纂委员会

主　任：马林云　李　锐
副主任：黄黎明　邬杨明
委　员：陈永明　陈建华　张晓峰　李红健　龚　丁
　　　　岳玉良　张建良　卢照洋　钱志生　於敏峰
　　　　姚加健　李见阳
主　编：邬杨明
副主编：方　敏　谢根能　张祝平

《浙水遗韵》编纂委员会办公室

主　任：邬杨明
副主任：方　敏　谢根能　郑盈盈
成　员：柳贤武　傅　谷　张建东　王　恺
　　　　王一鸣　金俏俏　姚晨圣　陈鹏钢

总 序

一

鸿蒙上古，洪水肆虐；海晏河清，安澜浙江。

穿越时空，谁能证明那些被折叠在山水尘土中的沧海桑田？穿透岁月，谁能唤醒那些活跃在绚烂长河中的生命伸张？带着问题，一场特别的文化巡礼拉开帷幕。当时的一座坝，现在的一个谜，一些润物耕心的洗练，一切高岸深谷的变迁，都成了这场水文化之旅中的奇妙体验。

浙水文化起源自先民对水的最早认识和适应，嬗变在碰撞中发生，也在融合中沉淀。上山遗址出土的炭化稻米遗存，照射出一万年前水与稻作农业的交融。跨湖桥遗址保存的独木舟，荡起了八千年前向水而生的文明涟漪。河姆渡遗址的水井和干栏式建筑遗迹，见证了早期聚落取水、避水的杰出创造。良渚古城遗址的外围水利系统，奠定了五千年前良渚文明的兴起。

如果说浙江早期文明是点点繁星，那么由于水的涵养滋润，繁星最终汇成了壮丽天河。在这些星辰浩渺的水文化碎片中，我们见到了一个又一个历史的细节，看到了我们祖先逐渐铿锵的文明步伐。

人称东南形胜的浙江，并非自古繁华，今日之繁荣很大一部得益于水利建设的发展与完善。在历代的治水实践中，人们抵御洪潮侵袭，大兴蓄灌引排之利，变斥卤不毛之地为桑田粮仓，不断捍卫生存家园、拓展发展空间，使浙江逐步成为宜产、宜业、宜居、宜游、宜学的民丰物阜之地、山川秀丽之境、文明礼仪之乡。

二

孜孜不倦，久盛长兴。如今，浙水遗韵，绵延于山海之间，回荡在浙江大地之上。

西湖的疏浚，不仅保留了淡妆浓抹总相宜的湖光山色，更可灌溉周边千亩良田，哺育出钱塘繁华，"参差十万人家"。鉴湖的开浚，一度使山会平原"无荒废之田，无水旱之岁"。溇港体系的建成，使太湖南沿沼泽上松软的涂泥成为适宜耕种的沃土，从此"山从天目成群出，水傍太湖分港流"，桑基鱼塘、丝绸之府、鱼米之乡成为湖州名片。白沙溪三十六堰、姜席堰的修筑，使得金衢盆地"每岁禾田无旱日，此乡农事有余秋"，成为浙中粮仓。通济堰、松阴溪古堰群的兴建，成就了碧湖平原和松古平原的殷实富饶。它山堰的兴建，灌田数千顷，使鄞西平原成为浙东重要产粮区，"一朝堰此水，千载粒吾民"。

始建于东汉的东苕溪西险大塘，经历代增筑，昂然屹立一千八百余年，是杭州城和杭嘉湖平原的重要防洪屏障。古处州、严州、衢州、临海、兰溪等地的防洪城墙，守护着临河古城的市井繁华。钱塘江海塘的兴修，使两岸杭嘉湖平原和萧绍平原免于咸潮侵害，成就了"苏湖熟，天下足"的经济格局。唐时"当今赋出天下，而江南居十九"，明代"浙东西又居江南十九"。清代乾隆帝六次南巡，四次亲巡海塘一线，足见海塘所系已不只是浙江，更是牵动整个国家的经济命脉。

慈溪、余姚等地历史上不断向外拓展的一道道海堤，将荒滩盐场变为农田桑麻之地，使得"从兹疆场水莫安，黍稷桑麻应郁然"。三江闸的兴建，集挡潮、蓄淡、排涝诸功能于一身，重整了河口灌排水系，使鉴湖湮废后的萧绍平原得以复兴。椒江河口右岸在千百年里以层层外推的十多条海塘，演绎着向海而生的勇毅。金清闸、新金清闸、金清新闸的迭代演进，八百年间蓄淡、御咸、排涝，成就了温黄平原的繁盛。

京杭运河和浙东运河的凿通，为商贾繁盛提供了舟楫之便，促成了杭州区域中心城市的崛起。温瑞塘河打通了东瓯动脉，促进内外物资、文化的交流，成就了温州山水人文城市的佳话。沿衢江、新安江、瓯江、甬江等水系及各支流星罗棋布的古埠渡口和码头，转运着人员物产，激荡着时代风云，思想、风气往往得天下之先，浙江商帮由此走向全国，走出海外。

遍布于浙江山区、平原、海岛的近六千处古井，解决了人们日常饮食起居的水源供应。看似原始简单的水井，有效地支撑了人们向艰苦环境的拓殖，支撑起各地乡村、城市的发展与繁华。

三

跃动于灵感之上，传承着古人治水的智慧与思想。它山堰、通济堰等巧妙的堰底倾角与拱形设计，龙游"南堰北塘"的格局体系，得益于治水技艺的传承与创新，古老的工程历经沧桑仍发挥效用。龙现梯田十三闸分流引水，蜀墅塘的三枢九圳分水体系，科学合理的水事制度，有力保证了农业生产，也维护了社会稳定。这些智慧的灵光记载于卷帙浩繁的水利文献典籍、丰富广布的石刻碑记之上，启迪着后人。

洋溢于点滴之中，塑造着浙江的气质禀赋和精神风貌。由水衍生出的民俗仪式和神话传说，寄托了人们对生活的美好向往：分布广泛的"大禹庙"，表达了人们对治水英雄的纪念；踏塘、祭潮的民间仪式，象征着人们对风调雨顺、河清海晏的珍视；流传广泛的防风治水、钱王射潮传说，反映了艰苦卓绝的治水历程，颂扬了不屈不挠的奋斗精神。正是有了山清水秀、江河安澜，才有了生活的诗意，有了乐山乐水的闲暇与浪漫。

从水利工程到技术制度、从民俗仪式到神话传说，从物质到精神的一切，携带着历史的、科学的、艺术的、文化的基因，成就了璀璨夺目的浙江水文化宝库。浙江省水利厅于2021年组织开展了全省重要水文化遗产调查。历时两年，各县（区、市）调查团队遍检群籍、查阅史料，翻山涉河、深入现场，不辞辛苦整编成果，筛选出全省水文化遗产10000余项，其中5200余项纳入"浙江水文化"数字平台。我们从中精心选录800余项按11个地市编纂成书，以飨读者。有诗画杭州、清丽湖州、水印嘉兴交织出的如画诗境，有源起衢州、水墨金华、山川丽水描绘出的绝代风华，有理水绍兴、安澜宁波、水定舟山传颂着趋利避害的治理传奇，有潮起台州、平水温州咏唱着催人奋进的山海长歌。

这些水文化遗产带着特定环境与时代的烙印，是跨越了时间的宝贵财富。当水流翻过古老的堰坝，当江潮拍打鱼鳞石塘，当余晖映红运河水道，当大禹祭典的钟鼓震颤长空，我们仍能感到迎面拂来的那阵暖风，吹来的是未泯的典范和当下的星空，还有无数个我们未完待续的如水诗篇。

目录

曹娥碧水泛清波

浦阳江水变清流

越地水脉润后世

越山长青水长白

"水德含和，变通在我。"绍兴是首批国家级历史文化名城，也是名副其实的江南水乡。鉴湖水，清冽甘甜，酿造出一坛坛醇香浓郁的黄酒；古运河，四通八达，催生出一座座精美实用的桥梁；古越江河，烟波浩渺，孕育出一批批表率群伦的名士。回溯绍兴 2500 余年的城市发展历程，处处体现出被"水"滋养的痕迹与韵味。因此，水是绍兴的灵魂和血脉，更是绍兴历史文化的重要载体。

山水大势　趋利避害

中国历代都有国家山川祭祀的礼制，祭祀的对象被称为四渎、四海、四镇、五岳。四镇中的南镇——会稽山，位于绍兴城东南，因大禹治水在此会诸侯，计功行赏而得名，位列古代中国九大名山之首。从会稽之山脉，自南而北，由曹娥江、浦阳江，过渡到滨海平原，形成了绍兴"山—原—海"的阶梯式地形。正因如此，历史上的绍兴，河流源短流急，少有滞蓄空间。一旦有暴雨，山原之间就会洪水横流肆虐；遇旱，则土地立现枯槁。而濒海滩涂，咸潮往返，逐水草而难有可居之地。[1]晚更新世开始，古越大地先后经历了三次海侵海退过程，其中发

---

[1] 谭徐明：《绍兴市水利志·序三》，载绍兴市水利局、绍兴市鉴湖研究会编《绍兴市水利志》，中国水利水电出版社，2021 年，第 102 页。

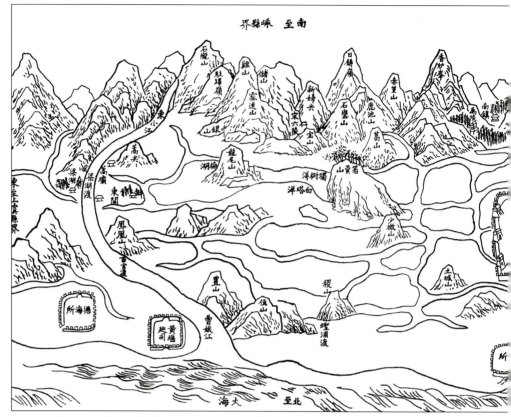

山阴、会稽县分境图［清嘉庆八年（1803）《山阴县志》刻本］

生于 12000 年前的卷转虫海侵，在距今 7000—6000 年前时达到最高峰，当时宁绍平原上西起会稽山北麓、东到四明山北麓的地方，成为一片浅海。古越先人身处这样恶劣的自然环境中，只能选择顺应自然、适应自然，进行以水进我退、水退我进为基本特征的流动迁徙。现代考古发掘出的小黄山遗址、跨湖桥遗址、河姆渡遗址等，都体现出古越先人与水共舞、依水而存的智慧。①古越文明之光，就孕育在这一片水乡泽国之中。4000 多年前，大禹治水曾两次来越，"毕功于了溪"，地平天成。自此之后，后世缵禹之绪，代有所成。

春秋时期，越王勾践兴建了山阴故水道以及吴塘、富中大塘等一批水利工程，形成了与"山—原—海"阶梯式地形相适应的古越水利格局。东汉永和五年（140），会稽太守马臻纳三十六源之水筑成鉴湖，实现"上蓄、中灌、下控"，蓄泄有度，

---

① 冯建荣：《绍兴市水利志·序一》，载绍兴市水利局、绍兴市鉴湖研究会编《绍兴市水利志》，中国水利水电出版社，2021 年，第 74 页。

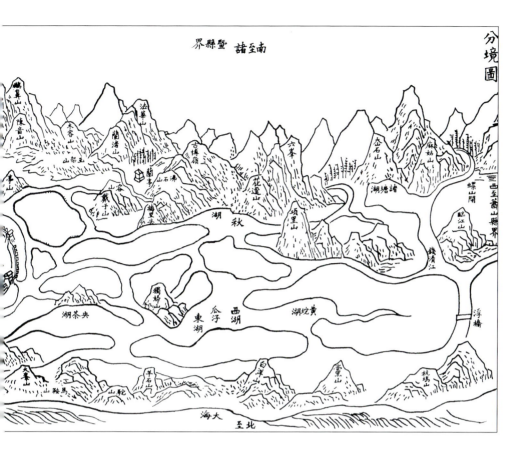

"溉田九千余顷"。公元 300 年前后，晋会稽内史贺循主持开凿西兴运河，连接钱塘江、曹娥江，浙东运河全线基本形成。隋文帝开皇年间（581—600），杨素组织修筑子城、罗城，增设六水门，奠定水城的城郭基础。唐宋时期，皇甫温等增修海塘，基本将古代山会平原北部的零星海塘连成一线。明成化十二年（1476），戴琥结合疏浚府河等工程的经验，创制《山会水则》；嘉靖十六年（1537），汤绍恩建三江闸，实现了滨海大闸对平原水利的全面控制；万历二十六年（1598），刘光复任诸暨知县，实施圩长制并著《经野规略》。清代，俞卿、李亨特等人建设城市水利，形成了以府河为主脉，众多东西向河道为支脉，河、池、港纵横交错的城市水路网络。

中华人民共和国成立以来，绍兴的地方党委、政府带领人民群众发扬先人治水精神，综合采取"蓄、分、疏、泄、挡、引"等措施兴修水利，逐渐形成了曹娥江、浦阳江、绍虞平原河网"两江一网"的水网新格局。绍兴市区城市防洪标准达到百年一遇；诸暨市、嵊州市和新昌县城市防洪标准达到五十年一遇；绍虞平原排

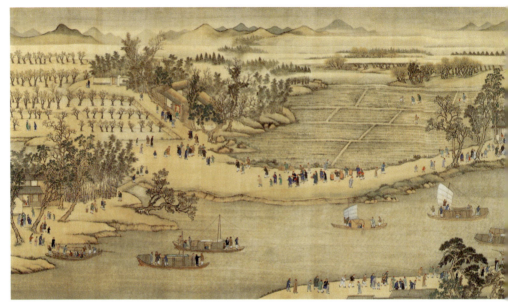

《康熙南巡图》呈现的清代浙东运河沿途风光

涝标准基本达到二十年一遇；全市基本实现城乡同质供水，县控及以上断面Ⅰ—Ⅲ类水比例和功能区达标率均达 100%。

　　千百年来，水于绍兴，犹如血脉于人。越人通过治江河、建水城、凿运河、修湖库、筑海塘、置水闸、围海涂、畅交通、抗灾害等，变水患为水利，书写了一部以避害趋利为旨归的绍兴治水史。

山水绍兴　"水文"交融

　　回望历史，治水是绍兴城市文明演进史上浓墨重彩的篇章。这座千年古城的演进过程，深深地烙上了绍兴人与水环境互动的印记，并在此基础上形成了独一无二的"绍兴水城"景观。"绍兴水城"在自然载体、文化内涵方面都得到了整体的呈现。

　　在中国历史上，城市的建设离不开对自然山水的考量和利用。通过对古代文献的梳理发现，古代的城市建设常依托于山水环境，绍兴亦是如此。从整个绍兴水城形态来看，绍兴不仅城外有护城河，城内还有一圈"内护城河"，构成了内外护城河相通的特殊形态；同时城内纵横交错的水路网络，与城市道路网络构成了水陆两个系统的"双棋盘"格局，即"自通渠至委巷，无不有水环

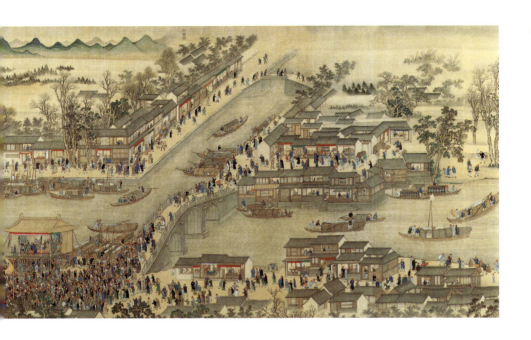

之"。①另外，绍兴城内有府山、塔山、蕺山等九座山，所谓"山川自相映发，使人应接不暇"，"山川映发"、山水相依，堪称水城景观自然载体的最佳呈现，也是最为灵动之处。

同时，作为城市文明演进过程中的主体，历代绍兴人不断积累升华这一方水土的文化内涵，产生了具有浓郁地方色彩的越文化，其中独树一帜的就是水文化。从城南的大禹陵，到城北的海塘、围涂，从穿城而过的浙东运河，到城内"五步一登，十步一跨"的大小桥梁，从家喻户晓的浙东唐诗之路水路驿站，到鲜为人知的地名典故，都在讲述着与水有关的绍兴故事，也在体现着以水为内涵的文化底蕴。

当然，绍兴的水文化并不是单纯的水利文化，还包含以水为核心元素而衍生出的桥文化、诗路文化等。

"垂虹玉带门前来，万古名桥出越州。"绍兴城内河网密布，街河相依，跨河建桥，可谓"无桥不成市，无桥不成路，无桥不成村"，因此绍兴亦被称为"桥乡"。据清光绪十九年（1893）绘制的《绍兴府城衢路图》所示，当时绍兴城内

---

① 参阅任桂全《绍兴：2500 年城记》《绍兴水城的形成及其特色》，载中共绍兴市委党史研究室、绍兴市地方志编纂室编《绍兴城市文化论丛》，中国文史出版社，2020 年。

有桥梁 229 座，府城面积为 8.32 平方千米，平均每 0.03 平方千米就有一座桥。中国古代传统的石桥千姿百态，在"桥乡"绍兴应有尽有。"近人谓德国汉堡市有桥 2125 座，远过于威尼斯。而我绍兴古城，桥多又倍于汉堡，称之谓东方桥乡，迨非虚誉。"[①]据 1993 年底的统计资料，绍兴全市有桥 10610 座，被誉为"万桥市"。由此可见，绍兴桥文化与水文化紧密相连。

"稽山罢雾郁嵯峨，镜水无风也自波。"鉴湖建成后，有效解决了山会平原的水患，成就了山清水秀、沃野千里的鱼米之乡。"今之会稽，昔之关中。"自王羲之、谢安等人风流满晋书以后，唐代王勃、李白、杜甫、孟浩然、严维等无数迁客骚人纷至沓来，他们从钱塘（今浙江杭州）出发，沿西兴运河至鉴湖，在绍兴流连徜徉，再经若耶溪或曹娥江，最后到天台山。因此，"越中"渐成浙东唐诗之路的核心节点，越中的唐诗故事，也成为浙东唐诗之路上一颗颗闪耀的明珠。如今八百里鉴湖虽已成往事，但瑰丽诗篇在越中大地仍广为流传。这与鉴湖、与越地山水有着千丝万缕的关系。

以水为据，"水文"交融，绍兴的水在文化的不同领域延伸，将文化的经济价值演绎得淋漓尽致。千百年来，越人一直以水为生，靠水致富。越国时期，渔业就已成为重要的经济，并出现了世界上最古老的养鱼文献《养鱼经》；东汉时期筑成的鉴湖，为绍兴酒提供了优质水源，绍兴酿出了堪称国酿的绍兴黄酒，终成"黄酒之乡"；唐宋时期，纵横交错的稠密水网，尤其是浙东运河，为"秘色瓷""越绫"的输出提供了便利的交通，促进了绍兴"青瓷发源地""纺织之乡"地位的确立。[②]特有的绍兴酒文化、越窑文化、纺织文化等，也不断反哺着城市经济的发展，成为其不竭的动力。因此，我们说，水文化是绍兴城市发展的活力来源。

山水遗产　大放光彩

绍兴具有丰富的水文化遗产，是可持续性古代水利工程与非工程留存集中的区域。就目前绍兴水文化遗产来看，其工程遗产和非工程遗产以三种类型存在，即水利工程、水利文物、水文化遗址（遗迹）[③]。水利工程类有古代大型综合水

---

① 茅以升：《绍兴石桥·序》，载陈从周、潘洪萱编《绍兴石桥》，上海科技出版社，1986 年，第 4 页。
② 冯建荣：《古运河——绍兴人的好运之河》，《新华每日电讯》2017 年 6 月 16 日，第 12 版。
③ 谭徐明：《水文化遗产的定义、特点、类型与价值阐释》，《中国水利》2012 年第 3 期，第 4 页。

利枢纽鉴湖，古代最大河口大闸三江闸，灌溉文明的"活化石"诸暨桔槔井灌工程，还有防洪工程古海塘、曹娥江干流古塘埂，引水灌溉工程孝行碑、华堂九曲水圳，水路交通枢纽蒿坝清水闸及管理设施等。水利文物类有水文和水管理设施"山会水则"、明代春夏秋冬水则牌，工程档案文书《三江闸务全书》、新昌涉水制度系列档案等。水文化遗址（遗迹）类有水神供奉建筑大禹陵、马臻庙、陈侯庙，古越水利遗址、曹娥江两岸堰坝遗址，城墙遗址诸暨古城墙、嵊州古城墙和新昌古城墙遗址等。

另外，绍兴的水文化遗产还包括大禹祭典、水乡社戏、背纤号子等水事民俗，分别入选国家级、省级和市级非物质文化遗产名录。这些众多的水文化遗产，是独特的绍兴水元素在古老灿烂的越地文明中衍生出的特色文化遗产范例，是绍兴文化重要的组成部分。这众多的水文化遗产，见证的不仅仅是绍兴某一时间段的历史，而是 2500 余年来绍兴城建史和水利史的发展变迁；呈现的不仅是古代水利的文化和技术价值，还有当代和未来绍兴水利人探寻人与自然和谐共处之道的鲜活案例；更是体现了在以水为中心的区域，通过自然与社会的相互影响与制约，能够形成生动丰富的人文及地理景观。[①]

流淌千年，越韵遗芳。通过两年的重要水文化遗产调查，绍兴水利人首次全面挖掘梳理了绍兴境域的水文化遗产，展示了从大禹得金简玉字之书，知晓山河之势、通水之理，获治水之大成，到当今的越水安澜，助力城市综合经济实力重返"全国 30 强"的全过程，更认识到绍兴先辈们治水历程艰难曲折，治水意志百折不挠，治水智慧光耀古今，治水人物灿若星河，治水成效泽被后世。

爬梳越地水文化遗产，绍兴水利人共调查重要水文化遗产 500 余项。本书意在根据绍兴水文化遗产遗存现状，精心选录 61 项，从绍虞平原、曹娥江及浦阳江的治水实践经验，梳理绍兴历代治水实践历程、辉煌成就和浓浓的水文化之韵。

"日觉耳目胜，我来山水州。"让我们沉浸在被水滋养、温润、骀荡的越文化圣地中，品味一番"人文为魂、生态塑韵"的绍兴之美。

[①] 谭徐明：《绍兴市水利志·序三》，载绍兴市水利局、绍兴市鉴湖研究会编《绍兴市水利志》，中国水利水电出版社，2021 年，第 104 页。

巍巍稽山　赫赫禹陵　何正东/摄

神禹原来出此方，洪海茫茫化息壤。
应是人定胜天力，稽山青青鉴水长。

——陈桥驿

大禹治水"毕功于了溪",历代贤牧缵禹之绪,春秋越国水利开拓山会平原,东汉鉴湖奠定绍兴"鱼米之乡",宋代运河实现全线贯通,明代三江闸形成平原河网水利新格局。治水先贤惕厉后人,水利工程泽被后世。中华人民共和国成立后,绍兴秉承大禹精神,弘扬胆剑精神,干在实处,勇立潮头,奋力谱写了新时代治水兴水新篇章。

稽山鉴水话风流

一、千古帝禹

稽山鉴水话风流

大禹陵

治水英雄 立国始祖的归宿

劳身焦思，居外十三年，过家门不敢入。
以开九州，通九道，陂九泽，度九山。

[汉] 司马迁《史记·夏本纪》节选

会稽山大禹铜像 马亦梅／摄

清代大禹陵庙图

　　古城之南，会稽之巅。一位身披斗篷、手持耒耜的"使者"静静地伫立着，庇佑这座城市风调雨顺，年登岁稔。他便是绍兴人再熟悉不过的治水英雄——大禹。

　　尧舜时期，洪水泛滥，民不聊生。《史记·夏本纪》载："当帝尧之时，鸿水滔天，浩浩怀山襄陵，下民其忧。尧求能治水者，群臣四岳皆曰鲧可。"于是帝尧任用鲧治理洪水，然鲧采用"壅防百川，堕高堙庳（低）"的方法，历时九年未能成功，水灾依然不断。到了帝舜，命鲧的儿子禹继承父业，担当治水重任。禹总结吸取了其父亲治水的经验教训，提出了改堵为疏、因势利导的治水策略，"劳身焦思，居外十三年，过家门不敢入""薄衣食""卑宫室"，终获治水成功，这也有了家喻户晓的"三过家门而不入"的典故。

巍巍南镇　赫赫禹庙

　　禹因有"治水大德"，遂被后人称为"大禹"。据《越绝书》记载："禹始也，忧民救水，到大越，上茅山，大会计，爵有德，封有功，更名茅山曰会稽。"《史

大禹陵　马亦梅／摄

记·夏本纪》载："十年，帝禹东巡狩，至于会稽而崩。"《史记·秦始皇本纪》载："（秦始皇）上会稽，祭大禹。"自秦始皇伊始，大禹陵作为中国历史上第一个王朝缔造者禹的葬地，成为全国唯一的祭祀大禹中心地。

大禹陵位于越城区稽山街道二环南路会稽山山麓，是一处合陵、庙、祠于一体的建筑群。1961 年 4 月，大禹陵被列为浙江省重点文物保护单位；1996年 11 月，被列为全国重点文物保护单位。

松柏常青，古迹处处。漫步大禹陵，最能近距离感受这位治水英雄、立国始祖的魅力。

禹陵　坐东朝西，占地面积 40 余亩，建筑面积约 2700 平方米，为大禹陵的核心区。入口为青石牌坊，高 7.8 米，宽 10 米。入内是长 123.6 米，宽 2.3米逐级递升的神道，神道两侧立有石刻神兽 5 对。神道尽头为大禹陵碑亭，亭内立有由明代绍兴知府南大吉所书的"大禹陵"石碑，碑高 4 米，宽 1.9 米；1956 年秋，"大禹陵"碑石被大台风折成两段，1961 年 10 月重立此碑时，在"禹"字之下、"陵"字之上断裂处，用钢筋和砂浆连接。

禹祠　位于禹陵的左侧。相传，少康始立禹祠，之后曾多次毁废及兴建，现存的禹祠是 1986 年在原址上重建的，共两进院落。前进的左右两侧有"大禹治水""计功封赏"砖雕，后进内立有大禹塑像。祠外北侧有"禹穴"碑，

禹祠　陈晓/摄

祠内有"禹穴辨"碑。

禹庙　位于禹陵的右侧。相传，夏启最早建禹庙；《汉书·地理志》记载，汉朝时期禹冢已存在；据嘉泰《会稽志》记载，今禹庙始建于南朝梁大同十一年（545），以后历代均有所修建。庙内自南向北依次分布有辕门、照壁、岣嵝碑亭、棂星门、午门、祭厅、大殿等建筑。其中明代翻刻的岣嵝碑，文字奇古，记述了大禹治水的经过和功绩，又名"禹王碑"。禹庙的午门宽11.6米，进深约7米，其后为祭厅。祭厅是历代祭禹的场所，建筑结构与午门相似。祭厅东、西两侧为配殿，其中东配殿内放置有明清时祭禹的碑刻30余通。现存的禹庙大殿重建于民国二十二年（1933），其他部分大都是清代重建。

1987年，在大禹陵碑前甬道北侧，修建大禹陵碑廊。碑廊呈仿清砖木结构，廊全长25米，进深3.2米，廊内陈列碑刻8块，有《秦会稽刻石》

大禹陵庙碑（拓片）

禹庙　钱盛／摄

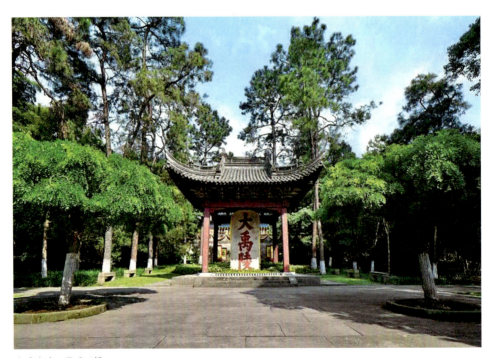

大禹陵碑　钱盛／摄

《重修水利记碑》《山阴县新闸记碑》《祭大禹陵碑记》等。

禹风浩荡　吾越之幸

大禹，从治水平洪到重建家园，千百年来，中华儿女从大禹精神中得到启迪，凝聚起磅礴向上的力量。尤其是治水传说在绍兴产生了广泛深远的影响，其"公而忘私、艰苦奋斗、尊重自然、以身为度、严明法度、民族融合"的精神激励着绍兴历代治水功臣。马臻、南大吉、汤绍恩、俞卿、李亨特等，他们作为大禹精神的继承者，始终牢记着为百姓谋取利益的使命，使绍兴水利建设代有所成。

中华人民共和国成立后，绍兴水利人不断汲取前人经验，弘扬大禹精神，践行"忠诚、干净、担当、科学、求实、创新"的水利精神，涌现出一代又一代优秀的水利贡献者：对诸暨水利建设作出显著贡献，被誉为"人民的好干部""好县长"的何文隆；成功探索"以水兴工、以工促农、以工补农"方法，推动水利建设、促进地方经济发展的全国人大代表梁焕木；作为辽湾、丰潭等水库的主要设计者，执笔撰写多本水利职业技术培训普及教材的全国人大代表何佩德，等等。

大禹精神不仅孕育了独特的绍兴水文化，更渗透在绍兴文化之中。绍兴存有许多与禹相关的地名，如禹会村、禹陵乡（2001年并入稽山街道）、禹峰乡、禹溪村等；绍兴还存有诸多与禹相关的纪念建筑，如禹穴、禹庙等。据《绍兴禹迹图》统计，绍兴有较为重要的禹迹127处，其中陵、庙、祠类21处，地名类22处，山、湖自然实体类25处，碑刻摩崖类59处。另外，绍兴境内还具有丰富的与禹迹相关的非物质类文化遗产，例如文献、诗词、歌舞、书法艺术等。

在此基础上，绍兴市陆续编制完成了《浙江禹迹图》《中国禹迹图（2022年版）》，分别精选收录"浙江禹迹"209处、"中国禹迹"323处，旨在通过这一形式来研究、证明、丰富大禹文化。与此同时，绍兴在全市55处禹迹点设立"绍兴禹迹"标识牌，为保护、传承和利用大禹文化遗产提供绍兴实践样本，使禹文化、越文化相映生辉。

大禹，中华民族的共同先祖，已成为凝聚中华民族精神的纽带，成为坚韧不拔、科学奋斗的文化标志。大禹治水精神随着历史前进的脚步，超越区域与国界。缵禹之绪，代代不止；铭禹之志，世世不息。

二、悠悠鉴湖

稽山鉴水话风流

鉴湖

绍兴的母亲湖

千金不须买画图，听我长歌歌镜湖。
湖山奇丽说不尽，且复为子陈吾庐。

[宋] 陆游《思故山》节选

鉴湖夕照　张斌/摄

会稽山，重重叠叠。

鉴湖水，浩浩汤汤。

青山作隐，碧水成迢。鉴湖作为中国长江以南最古老的大型综合性水利工程，具有蓄淡、拒咸、滞洪、排涝、灌溉、利航等多方面、综合性的功能，具有顺应自然、因势利导、设施齐全、构成完整的工程技术特征。鉴湖堤坝之长、水面之广、设施之全、作用之大，堪称当时世界之最。[1]

世界之最：综合水利铸辉煌

《水经注》记载，古浙东地区曾是"万流所凑、涛湖泛决、触地成川、枝津交渠"之地。距今 6000 年前，山会平原受海侵、海退影响，成为一片沼泽之地。春秋越国时期，面对"西则迫江，东则薄海，水属苍天，下不知所止"的浩浩之水，越王勾践建成了南池、坡塘、山阴故水道、富中大塘、石塘等一批与"山—原—海"阶梯式地形相适应的古越水利工程。但每逢丰水期，山洪暴发或大潮上溯，钱塘涌潮会沿曹娥江、浦阳江等自然河流上溯平原，与会稽山水及山麓线以下的湖泊相顶托，泛滥成灾，成为一片泽国。[2]

东汉永和五年（140），马臻任会稽郡太守。时会稽之地水旱频仍，民众饱受其苦。马臻为兴利除害，经过艰辛考察，制定总纳会稽山三十六源之水为湖的宏伟规划，巧妙利用山会平原自南而北的"山—原—海"阶梯式特有地形，发动民众，以工代赈，建成了我国长江以南最古老的大型水利工程——鉴湖。

鉴湖，又称长湖、太湖、庆湖、贺监湖、镜湖等，"周三百十里，溉田九千余顷"。鉴湖的建成，改造了山会平原北部大面积的沼泽地，使曹娥江以西的土地免受洪水威胁。宋人王十朋赞曰"越之有鉴湖，犹人之有肠胃"。

鉴湖工程作为中国水利史上最早最大的水利工程之一，工程设施主要由三部分组成：

围堤 以会稽郡城为中心，分为东西两段。东至曹娥江，长 30.25 千米；西至钱清江，长 27.5 千米。这条在"山阴故陆道"等基础上连接、加固、新筑而成的长堤，与南界山麓线一起，将源自会稽山的溪水汇聚于此，形成了周

① 冯建荣：《绍兴市水利志·序一》，载绍兴市水利局、绍兴市鉴湖研究会编《绍兴市水利志》，中国水利水电出版社，2021 年，第 83—84 页。
② 邱志荣：《其枢在水——绍兴水利文化史》，中国社会科学出版社，2018 年，第 109 页。

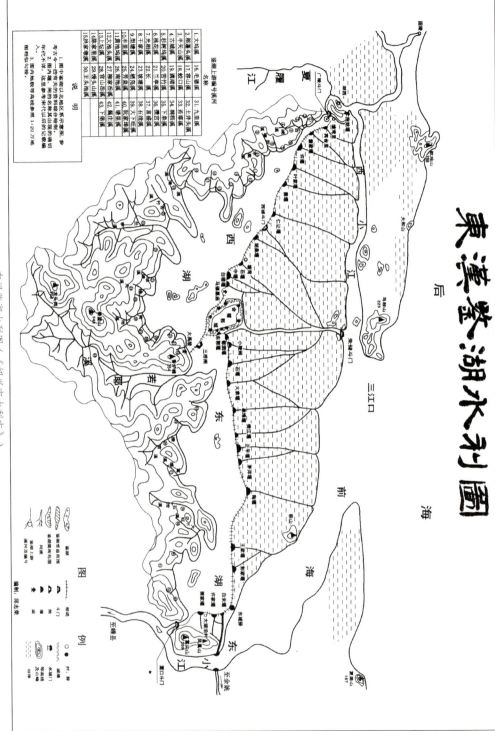

东汉鉴湖水利图（《绍兴市水利志》）

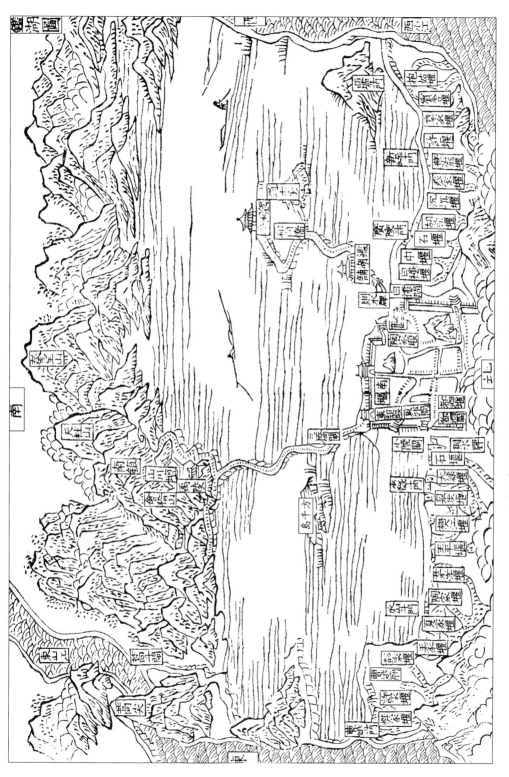

鉴湖图［明万历十五年（1587）《绍兴府志》刻本］

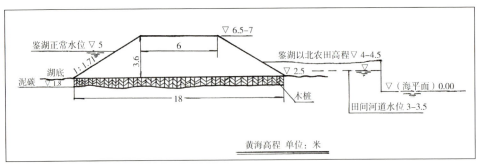

古鉴湖水位及北堤剖面图（《绍兴市水利志》）

长 179 千米的天下第一人工大湖。东汉时的鉴湖，包括湖中洲岛在内，面积有189.95 平方千米。南朝会稽太守孔灵符《会稽记》记："筑塘蓄水，水高（田）丈余，田又高海丈余。若水少则泄湖灌田，如水多则闭湖泄田中水入海，所以无凶年。"围堤后，由于鉴湖湖面相对高于北部平原，北部平原又高于海面，因此水少时可以顺着自然地势启放湖水灌田，水多时则泄水入海。

闸堰阴沟　《水经注·浙江水》称："湖广五里，东西百三十里。沿湖开水门六十九所，下溉田万顷，北泻长江。"据调查①，鉴湖工程正常蓄水量达 2.68亿立方米，可通过斗门、闸、堰、渠等 69 处水利设施进行蓄、灌、排、挡，相当于现代一座集灌溉、防洪及供水等作用于一体的大型水利工程。而四种排灌设施中，以斗门效益最大。鉴湖建成之初有三大斗门，主要设置在鉴湖与潮汐河道连通处，具有挡潮、蓄水、泄洪等作用，其中：东端设有嵩口斗门，为连通东鉴湖与曹娥江的主要通道；西端设有广陵斗门，为沟通西鉴湖与钱清江的主要通道。北端设有玉山斗门，为泄放北部平原水入钱塘江的主要通道，另有西墟等斗门。闸、堰设施数量较多，主要设置在鉴湖与北部平原内河的连通处，通过调节水位，满足防洪排涝、灌溉通航等要求。阴沟主要作用为灌溉北部平原农田。

水则　宋曾巩《越州鉴湖图序》云："一在五云桥，水深八尺有五寸，会稽主之；一在跨湖桥，水深四尺有五寸，山阴主之。"东鉴湖水则位于五云桥，西鉴湖水则位于跨湖桥。鉴湖堤上的斗门、堰、闸启闭，都以这两个水则为依据。玉山斗门的启闭主要依据都泗门东、会稽山阴交界处的水则确定，从而准确控

① 邱志荣：《其枢在水——绍兴水利文化史》，中国社会科学出版社，2018 年，第 114—129 页。

制北部平原水位。

鉴湖水利工程的技术水平居于当时全国领先地位。一是基础处理技术。据1987年对湖塘乡古鉴湖堤的考证，在高程2.6米处有松木桩整齐排列，C-14测定为筑鉴湖时基桩，此种情况在古鉴湖堤中多处发现，由此可见，木桩沉排技术处理工作当时属先进。二是控制计量技术。正如上文所讲，水则可以准确控制北部平原地区的水位。由此可见，鉴湖使用测水牌量测控制水位技术，为当时一流管理水平。[1]

诗路驿站：听我长歌歌镜湖

《宋书·沈昙庆传》记载："会土带海傍湖，良畴亦数十万顷，膏腴上地，亩直一金，鄠杜之间不能比也。"鉴湖建成后，极大地改善了越地的自然面貌与生态环境，奠定了越地经济、社会与城市发展的基础，渐成鱼米之乡，同时也滋养了越地的历史人文。[2]自晋代起，烟波浩渺的鉴湖，使王羲之、谢安、王勃、李白、杜甫、严维、陆游等无数迁客骚人纷至沓来，作诗赋文，留下诸多佳话逸事。

一部全唐诗，菁华在鉴湖。古鉴湖万顷碧波平如镜，与峰峦叠翠的会稽山相映生辉，渐成"浙东唐诗之路"水路游程的依托和重要节点。据研究，作品载入《全唐诗》的诗人中，历代方志所载来过浙东的有228人，有据可查而方志漏载的有84人，总计312人。这些诗人多为唐代诗人中的杰出代表。《唐才子传》收录才子278人，而到访过浙东的就占174人。[3]这些诗人来到浙东，留下了大量优秀诗篇，于是形成"唐诗之路"。这条线路大致是从钱塘江，经西兴到鉴湖，至绍兴古城，再经若耶溪或曹娥江，最后至天台山。

李白"镜湖水如月，耶溪女如雪"，杜甫"越女天下白，镜湖五月凉"……鉴湖之美不仅在烟波浩渺醉人心，更在笔下纸间藏烟火。陆游一生创作了众多关于鉴湖风光的诗歌，极大地丰富了越中山水诗的内容，将越中山水文化于南宋时期在晋、唐的基础上发展出另一个高峰。鉴湖，也成了古人心里的"诗和远方"。

---

[1] 邱志荣：《其枢在水——绍兴水利文化史》，中国社会科学出版社，2018年，第130—131页。

[2] 冯建荣：《绍兴市水利志·序一》，绍兴市水利局、绍兴市鉴湖研究会编《绍兴市水利志》，中国水利水电出版社，2021年，第84页。

[3] 竺岳兵：《剡溪——唐诗之路》，载中国唐代文学学会编《唐代文学研究》第6辑，广西师范大学出版社，1996年，第867—868页。

鉴湖秋色　钱科 / 摄

鉴湖柯岩段　钱科 / 摄

惠民利世：万顷碧波传美名

　　明袁宏道《解脱集·鉴湖》言："鉴湖昔闻八百里，今无所谓湖者。"物换星移，惠泽一方的鉴湖在后世多有湮废。唐长庆年间（821—824），鉴湖南周渐淤，大面积葑田出现。两宋期间，废湖、复湖之争接连不断。北宋大中祥符年间（1008—1016），始有豪绅在湖中建筑堤堰，盗湖为田，湖面大蹙。明嘉靖年间（1522—1566）山会地区新水利枢纽三江闸建成以后，鉴湖范围内的残留湖泊区域更是持续缩小，原堤坝上水利设施或弃用或改桥梁，运河与鉴湖残余水域完全相通。据 1989 年统计，古鉴湖范围内尚存河湖面积，原西湖区域内为 14.78 平方千米，东湖区域内为 15.66 平方千米，合计为 30.44 平方千米，正常蓄水量约为 6000 万立方米。[①]

① 盛鸿郎、邱志荣：《古鉴湖新证》，载盛鸿郎《鉴湖与绍兴水利》，中国书店，1991 年，第 13—32 页。

中华人民共和国成立以来，绍兴对于鉴湖的保护、传承和利用从未停止。

一是保护。1979年，绍兴县人民政府颁布《关于鉴湖水系的保护条例（试行）》；1988年7月23日，浙江省七届人大常委会第四次会议通过《浙江省鉴湖水域保护条例》；1997年6月和12月、2002年4月、2004年5月、2009年4月，浙江省人大常委会先后5次对该条例进行修订。2011年1月，鉴湖遗址被列为浙江省文物保护单位。2021年2月，鉴湖遗址被列入绍兴市大运河世界文化遗产保护名录。

二是传承。1990年4月21日至24日，中国水利学会水利史研究会，浙江省水利厅和绍兴市人民政府联合发起举办纪念鉴湖建成1850周年暨绍兴平原古代水利研讨会，会后出版《鉴湖与绍兴水利——纪念鉴湖建成1850周年暨绍兴平原古代水利研讨会论文集》。2014年至2020年，绍兴连续出版有关鉴湖研究的书籍，如论文集《中国鉴湖》一至七辑。

三是利用。2001 年，绍兴建成以再现稽山鉴水、田园风光、越地风情为主要景观特色，集吃、住、行、游、娱、购于一体的高品位鉴湖景区。2009 年，启动鉴湖水环境综合整治工程；2011 年，建成以"挖掘鉴湖诗歌文化"为主线的鉴湖一期工程；2013 年，建成以打造"江南文化复兴示范区"为主题，营造古山阴道和鉴湖水系的如诗画境的鉴湖二期工程；2017 年，建成以陆游故里为主题，具有南宋乡村生活及士大夫隐居的古典诗意场所的鉴湖三期工程核心区。同年 12 月，绍兴鉴湖湿地公园获批成为国家湿地公园建设试点。2022 年 10 月，"超越·鉴湖新盛景"绍兴鉴湖概念规划与方案设计国际竞赛圆满收官。绍兴以"超·越"精神为主题，旨在尊重鉴湖生态格局的前提下，有效利用鉴湖现有空间，结合纺织、黄酒、旅游、运动、文化等产业，将鉴湖的自然和文化价值融汇在全民共享、宜居宜业的新时代愿景中，打造兼具"江南风"与"国际范"的山水人文城市，塑造更具鉴湖特色、经济实力、文化活力和超越精神的"鉴湖新盛景"。

稽山鉴水话风流

马臻墓、马太守庙

功也鉴湖　泪也鉴湖

会稽疏凿自东都，太守功从禹后无。
能使越人怀旧德，至今庙食贺家湖。

〔宋〕王十朋《马太守庙》

马臻墓、马太守庙全景　夏潮军／摄

嘉泰《会稽志》中关于"马臻"的记载

　　绍兴城西约一千米处，有座"跨湖桥"。桥下一条东西向的水道，看上去不过是寻常河流，实际上却是古鉴湖遗存。

　　古越大地，平原多沼泽。东汉年间，持续的大雨时常引发山洪肆虐，无数越地百姓农田被冲毁、房屋被冲垮，一时百姓悲号震天。人们想不到，改变这一切的，会是一位在东汉永和五年（140）上任的会稽太守。

　　这位太守到任之后，了解到灾情，立刻详细查勘，制定了修建鉴湖的工程规划方案。他发动群众，创建"八百里镜湖"，实现了上蓄洪水，下拒咸潮，旱则泄湖溉田，涝则排水入海，使山会平原成为旱涝保收的鱼米之乡。

　　可没料到的是，这位太守却被地方豪强诬陷，称其耗用国库，毁坏庐墓，淹没良田，溺死百姓，最终被处以极刑。究其原因，因鉴湖工程建设之初淹没当地大户的土地、房屋和坟冢，触犯了地方豪强的利益，遭到激烈反对，于是怀恨在心的地方豪强就采取这样的卑劣手段进行报复。

　　太守沉冤，万人痛祭。

　　会稽百姓悲愤不平，暗地冒着生命危险，不惜重金将其遗骸运回会稽，葬于郡城偏门外的鉴湖之畔。会稽人民不会忘记兴民利的太守，更要把这故事代

马臻墓　余斌/摄

代相传下去。

他便是"鉴湖之父"——马臻，一个不只在绍兴，更在整个中国水利史上万古流芳的治水伟人。

"太守功德在人，虽远益彰。"唐代在山阴鉴湖边建起两座马太守庙，表明了官府和民众对马臻筑鉴湖这一功德的充分肯定和高度评价。北宋嘉祐元年（1056），仁宗赐马臻为"利济王"，体现宋代皇帝对马太守的高度评价。每年民间对马臻祭祀不绝。为了让后人永记马臻这位水利为民、服官济世的功臣，会稽人民用各种形式怀念他、纪念他，以彰其功德，承其恩情。

马臻墓　位于越城区北海街道东跨湖桥畔。据清乾隆《绍兴府志》记载："在府城南二里，鉴湖铺西。"墓坐北朝南，前临沃野，仰对亭山，墓前青石牌坊肃立，雕刻有"利济王墓"四个大字，为北宋嘉祐四年（1059）仁宗所赐，石坊中柱正面有长联一副："作牧会稽，八百里堰曲陂深，永固鉴湖保障；奠灵窀穸，十万家春祈秋报，长留汉代衣冠。"深切地表达了后人对马太守的崇仰之情。

马臻墓冢正面横置墓碑，镌刻"敕封利济王东汉会稽郡太守马公之墓"，

修汉太守马君庙记碑

系清康熙五十六年（1717）绍兴知府俞卿修墓时所立。墓碑边框浮雕双龙抢珠、卷云海水图案，两侧为狮头方石柱，设盘头纹抱鼓石，中有青石长方祭桌一张，整座古墓给人以庄严肃穆之感。

1963年3月，马臻墓被列为浙江省重点文物保护单位。1982年，绍兴文物部门主持修葺了马臻墓。2021年2月，马臻墓被列入绍兴市大运河世界文化遗产保护名录。

马太守庙 位于马臻墓东侧，始建于唐开元年间（713—741），宋代以后屡经重建。现存庙宇为晚清时所建，分前殿、大殿和左右厢。第一进为前殿，面阔三间，通面阔11.62米，通进深7.8米。殿后是天井，原有戏台已毁，1997年重建，每到农历三月十四马臻生日那一天都会唱大戏，歌颂马臻冒死筑鉴湖的事迹。过天井为大殿，三间，通面阔11.62米，通进深1.98米。明间五架抬梁式，次间穿斗式，内供马臻塑像。庙大殿东西两壁，绘有三十二幅彩图，栩栩如生地展现了马臻的治水功绩和有关马臻的民间传说，今壁画还隐约可见，民间香火颇盛。庙内存有清乾隆三十八年（1773）《重修马太守祠碑记》等古碑，碑文记马太守创建鉴湖及马太守祠墓的修建史。

鉴湖的修建是绍兴平原水利发展史的里程碑。《越中杂识》一书曾如此评价道："（绍兴）向为潮汐往来之区，马太守筑坝筑塘之后，始成乐土。"乐土绵延，这位治水伟人的功绩和精神亦是绵延不息。

稽山鉴水话风流

大运河绍兴段

运河风情　古越文脉

千古浙东大运河，至今千里泛清波。
江南鱼米之乡地，众口同称赖此河。

罗哲文《题浙东古运河》

山阴故水道东湖段　叶青峰／摄

纤道漫漫，运河悠悠。

当运河遇见水城，是柔与刚的交融，古与今的碰撞。运河为"山水州"增添了诗意的古韵，为"山水郡"涂抹了风雅的底色，为"山水国"书写了华丽的篇章，以其独特的文化为绍兴这座"没有围墙的博物馆"增添别样水色彩。

一部浙东运河史　半部绍兴发展史

《越绝书》记载："山阴故水道，出东郭，从郡阳春亭。去县五十里。"此处所说的"山阴故水道"，即由山阴城东到曹娥江的运河，是春秋时期越王勾践修建的。据考证，这一段运河便是浙东运河最初开凿的部分，因此浙东运河可谓中国最早的人工运河之一。

东汉时期，会稽郡太守马臻主持筑鉴湖，山阴故水道融入鉴湖航道。晋代西兴运河和四十里河的开凿，使浙东运河全线基本形成。由此，自钱塘江经西兴，向东沿鉴湖至曹娥江，再经四十里河通姚江，入甬江通东海。南宋时期，新开虞甬运河，沟通了绍兴和余姚，标志着浙东运河全线贯通。元代以后，浙东运河地位下降。明代开十八里河，为丰惠以东四十里河的复线。20世纪80年代，对浙东运河进行改造，形成甲乙两线。2000年开始建设浙东运河新线拓宽改造工程，新的运河称杭甬运河，仅利用了浙东古运河曹娥江以东洪山湖村至安家渡段。

今天的浙东运河，起点在杭州市滨江区西兴街道钱塘江渡口，终点在宁波市镇海区招宝山入海口，全长200余千米。其中大运河绍兴段西自柯桥区钱清街道入境，经柯桥区、越城区至曹娥江，这段又称为萧曹运河（与西兴运河合称）；过曹娥江后分为南北两线，北线即虞甬运河，南线即四十里河，南北两线在陡门堰汇合流入宁波市余姚境内，全长约101千米。

2013年5月，大运河绍兴段，包含浙东运河杭州萧山—绍兴段、浙东运河上虞—余姚段、浙东运河古纤道（渔后桥段、皋埠段、上虞段）、曹娥江两岸堰坝遗址（含梁湖堰坝遗址、拖船弄闸口遗址、老坝底堰坝）、虞余运河水利航运设施（含五夫长坝及升船机、驿亭坝），被列为全国重点文物保护单位。2014年6月22日，由京杭运河、隋唐运河、浙东运河组成的中国大运河，经第38届世界遗产大会评定，被列入世界文化遗产名录。其中，浙东运河绍兴段（绍兴古运河）被列为世界遗产的点段共有4个，即大运河绍兴段河道本体、八字桥、八字桥历史街区、古纤道。

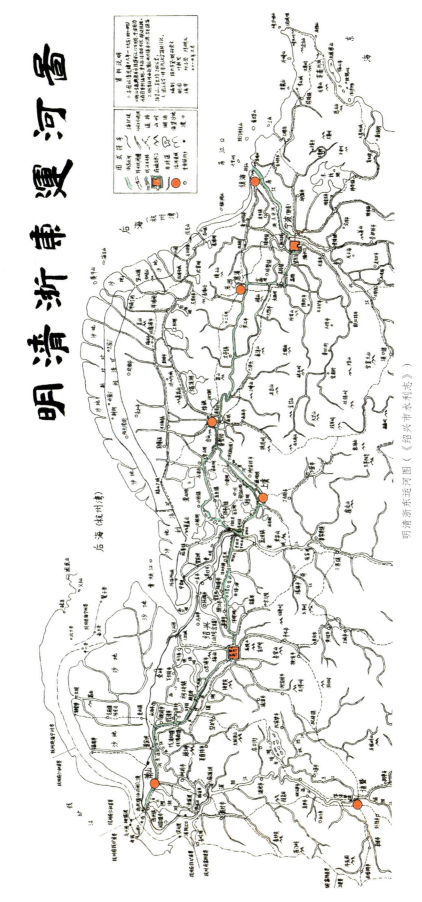

明清浙东运河图

明清浙东运河图（《绍兴市水利志》）

浙东运河古纤道 钱科／摄

古纤道: 中国运河史上的孤例, 运河活着的文化孤本

纤道又名纤塘、运道塘、纤道桥, 是古代行舟背纤的通道和暂避风浪的屏障, 是中国古代水利史、桥梁史的重要组成部分, 见证了浙东运河上千年的航运方式。其中大运河绍兴段古纤道现保存较好的有钱清街道板桥至柯桥街道上谢桥段、绍兴渔后桥段、皋埠段及上虞段。

古纤道钱清街道板桥至柯桥街道上谢桥段　西起柯桥区钱清街道板桥, 东至柯桥区柯桥街道上谢桥, 全长约 7.5 千米, 位于大运河南侧, 紧靠 104 国道。建筑形式分单面临水、依岸砌筑和两面临水、破水砌筑两类。其中柯华大桥至湖塘板桥段 3.5 千米纤道, 建筑形式多样, 单面临水、依岸砌筑和两面临水、破水互相衔接转换。20 世纪 70—90 年代, 古纤道得到全面修缮。

古纤道绍兴渔后桥段　位于柯桥区钱清街道联兴村渔后自然村。两面临河, 残长 183 米, 桥梁式构造, 计 30 余孔, 每孔跨度 2—5 米不等并均铺石板两块。纤道上设单跨桥梁一座, 名渔后桥, 桥台条石顺丁错缝叠砌, 桥面以三块石板铺成, 长 5.2 米, 宽 2 米, 净跨 3.7 米, 不设栏板与垂带。纤道现状整体保存较好。

古纤道皋埠段　位于越城区皋埠街道, 西起独树村, 东至樊江村, 全长 5000 余米, 分布于运河北岸。唐代始建, 现存段为明清建筑。有依岸临水和双面临水两类, 均为石砌, 其中依岸临水纤道朝运河一侧多为石板竖砌, 石板之间施丁石榫卯加固, 每隔数米, 石板面刻有捐款修建者姓名等。双面临水纤道采用条石层层叠砌, 纤道路面皆铺石板, 路面高出水面约 0.7 米。现保存的纤道约为之前的五分之二, 其余损坏或被改造。

古纤道上虞段　现保存较好的纤道约 200 米, 位于东关街道镇西桥以西至联兴村段运河北岸, 有依岸临水和双面临水两类, 砌筑方式有条石叠砌、石板竖砌两种。始建于春秋战国, 汉马臻修治鉴湖时修拓, 至晋代贺循开凿萧曹运河后全线贯通。古纤道又称官塘路、官道, 初为土塘, 明弘治年间(1488—1505)改为石构, 现存古纤道多为清代修建。

曹娥江两岸堰坝遗址: 昔日运河工商俱兴见证

梁湖堰坝遗址　位于上虞区曹娥江右岸梁湖街道外梁湖村, 为萧曹运河与曹娥江水系沟通四十里河的交通枢纽。据郦道元《水经注》记载, 梁湖堰坝在魏晋南北朝时已存在, 与曹娥堰并称为"南北两津"。自东晋以来, 梁湖堰一

拖船坝过运河（《绍兴·鉴湖》）

老坝底堰坝　王文彪/摄

直发挥着十分重要的作用，尤其宋代时期，是浙东运河上有名的七堰之一，属官营。20世纪50年代前，此堰坝的过往船只还比较频繁，此后逐年减少。70年代，由于上浦闸总干渠建成，运河航线改道走北线虞甬运河，从此再无船只过此堰坝。坝址也在堤塘加高过程中被湮没，梁湖坝至外梁湖一段运河遂成为一个漤底，今尚能辨别驳岸痕迹，江边塘下仍有过坝遗物，塘外的五间堰坝管理房依旧存在。另外，坝东至外梁湖村一带也有早年与运河相关的官厅头、官厅、关帝庙、接官亭等遗址，见证着当年坝头的繁华与热闹。

拖船弄闸口遗址　位于上虞区曹娥街道上沙村中，东西走向，长约100米，宽约5米，占地约500平方米。原系西边萧曹运河与东边曹娥江的连接枢纽，旱闸坝。据当地村民讲述，此弄（坝）历史久远，可追溯至晋代，现存建筑为清代修筑。该坝原为青石板铺筑（现为水泥铺地），坝（已成民居夹弄）东西两端原均设有盘车旋转推绞，使船脱离水面牵引上岸，然后船下垫擂棍，交替前移，把船拖出旱闸坝，推入江（运河）中。只是随着交通中心的转移，昔日的辉煌今已不再。

老坝底堰坝　位于上虞区曹娥街道娥二村村东，系萧曹运河与曹娥江的过坝头，单道，作驳船用。始建于宋，现存建筑基础为清道光十九年（1839）由过塘行老板陈兴昌发起开道。原为人力拖船过坝，中华人民共和国成立后改为升船机替代。受水位航道影响，1983年后顶坝底堰基本不用，不久完全废弃，此坝遂成为萧曹运河终端唯一的交通咽喉。同年7月，政府投资将老坝底堰改建为40吨级小型斜面高低轮升船机坝，轨道长150米，坡度1：8，宽轨轨距3.35米，窄轨轨距2.35米。目前尚在使用。

虞余运河水利航运设施：河海相连的历史见证

五夫长坝及升船机　五夫长坝又名柯家闸，是堰坝、桥闸一体的水利、交通设施，位于上虞区驿亭镇五夫村虞甬运河终端。明洪武七年（1374）初建柯家闸，后废。明万历年间（1573—1620）改闸为石坝，称为长坝，清代后多次修筑。民国期间，过往长坝的货物增多，坝上有多个货盘班及过塘行。1953年，改人力拖坝为人力绞盘车拨。1977年在原坝址建成小型斜面高低轮升船机，轨道长115米，轨距分别为2.2及3米，通过能力25吨。桥闸长19米，闸面宽9米，设三孔，孔间距3米。上建三间二层平顶楼房。现水闸系1987年重建。长坝南侧设有五夫长坝管理处，北侧设有上虞升船机管理所。现已基本废弃，但仍发挥防洪和抗旱功能。

驿亭坝　位于上虞区驿亭镇新驿亭村新力自然村西北面的虞甬运河上。据明万历《新修上虞县志》记载，驿亭坝唐长庆年间（821—824）已存，是为调节夏盖湖与白马湖水而建，现存建筑为清咸丰年间（1851—1861）所建，坝基用条石铺成，长13.4米，宽3.2米，上下落差约0.5米。坝南北走向，当时主要功能为蓄水，后兼用车拨船只。清同治九年（1870），为了保障农田灌溉用水，村民将拖船道填平打桩，建文昌阁和关帝庙等建筑，并立下"永不车拨船只"禁碑。1952年，将人力拖船过堰改为人力绞盘车拨。1976年后过堰船只渐稀。

这两处建筑是研究堰坝桥闸演变的历史实物，具有一定的历史价值。

通明堰遗址群：七堰相望济舟运

北宋时，浙东运河始有"运河"之称。从明州庆元府（今宁波市）至钱塘江边的西兴镇，长达200多千米的浙东运河，需经7道堰坝，而通明堰则地处这段漕渠的"咽喉"，所谓"七堰相望之末端"。在没有现代交通工具、以水运作为主要运输手段的古代，它曾发挥过重要的作用。

通明堰遗址群位于上虞区丰惠镇通明村，系浙东运河上虞段四十里河地区

通明船闸　徐金波、阮军校/摄

的重要水利航运设施遗址，包括通明堰遗址、新通明堰、十八里河关帝庙和5块路桥捐助碑等单体文物。而通明堰遗址包括原有的二闸一堰的水利航运设施，是原四十里河与姚江的分界点，曾为绍兴经上虞通往余姚、宁波水上运输的主要堰坝之一。

通明闸　原名古清水闸，据嘉泰《会稽志》记载，在北宋景德（1004—1007）中置，是上虞区最早的挡潮、灌溉、排涝闸。南宋初废，宋嘉定元年（1208）重建，闸旁有过船车坝。日久闸废，元至正八年（1348）由绍兴路总管府府史王永重建，并加宽加深。后于清代康熙、乾隆年间多次修缮扩建。1966年，通明闸被列入曹娥江翻水站配套工程，改建为三孔，中孔净宽2.8米，边孔净宽2.7米，总净宽8.2米，钢筋混凝土梁板式闸门，电动螺杆式启闭，闸下用钢筋混凝土护坦，接长闸墩，两岸砌石坎。1973年将闸旁过水堰改建为闸，二孔，钢混结构，称通明新闸。1984年11月，实施通明新闸维修工程。2009年11月，完成通明船闸建设工程。

通明堰　嘉泰《会稽志》卷四："通明北堰，在县东一十里。通明南堰，嘉泰元年冬始置，海潮自定海历庆元府城，南抵慈溪，西越余姚，至北堰，几四百里。地势高仰，潮至，辄回如倾注。盐运经由需大汛，若重载当碶，则百舟坐困，旬日不得前。于是增此堰，分导壅遏，通官民之舟，而北堰专通盐运。"

绍兴运河园 盛建平/摄

由此可见，通明堰分南堰、北堰，其中南堰建于嘉泰元年（1201），负责官民通行。2008年8月，在杭甬运河拓宽疏浚中，该堰被整体拆除，部分石构件尚堆积在江边，但原有风貌已荡然无存。

新通明堰 即通明北堰，始建于宋淳熙年间（1174—1189），明永乐年间（1403—1424）疏浚，专通盐船。1953年以后，改为节制水闸。

通明堰是昔日浙东运河上十分重要的航运交通咽喉，对促进地方经济、文化的发展交流发挥了积极作用。虽已退出历史的舞台，但其承载和积淀的丰厚古代水利航运历史信息和内涵仍将在运河遗产资源保护中占有极其重要的地位。

2011年1月，通明堰遗址群被列为浙江省文物保护单位。

浙东运河的新时代：保护、传承与利用

浙东运河作为中国大运河的重要组成部分，具有其独特的价值和地位，是我国保存最好的运河之一、振兴经济的黄金水道、涵养文化的重要源流、海上丝绸之路南起始段。[①]于绍兴而言，2500年前的山阴故水道，成就越国的春秋霸业，奠定了绍兴的历史基础；西晋疏凿的西兴运河，便利会稽的对外交流，实现了绍兴的通江达海；唐代开通的运道塘，提升通航和管理标准，促进了"诗

---

① 参见邱志荣、陈鹏儿《浙东运河史（上）》，中国文史出版社，2014年。

路"和"丝路"的快速发展；南宋运河的全线贯通，维系南宋政权运行的生命线，书写了绍祚中兴的佳话；明清完善的城市水系，圆梦帝王乘舟沿运巡越，绵延了千年水城的荣光。运河不仅促进了绍兴"鱼米之乡""纺织之乡""黄酒之乡"的形成，更吸引了四方来客，璀璨了绍兴的人文。①

古运河养育了绍兴人民，也催生了绍兴保护与传承的文化自觉。2002年，绍兴市委、市政府决策实施了浙东运河绍兴段整治工程。2003年9月，以"传承古越文脉、展示水乡风情"为主题，"运河纪事、沿河风情、古桥遗存、浪桨风帆、唐诗始路、缘木古渡"六大景点为核心的运河园建成开放，先后被评为中国优秀园林古建工程金奖、国家水利风景区。之后，随着柯水园、迎恩门水街等其他河段的运河工程相继建成，浙东运河绍兴段基本完成了综合整治。

为深入贯彻落实习近平总书记"大运河是祖先留给我们的宝贵遗产，是流动的文化，要统筹保护好、传承好、利用好"②等系列重要批示指示，2019年8月，绍兴市第八届人民代表大会常务委员会第25次会议审议通过《绍兴市大运河世界文化遗产保护条例》；2019年9月，浙江省十三届人大常委会第14次会议审议批准通过《绍兴市大运河世界文化遗产保护条例》。2020年1月1

① 冯建荣：《好运之河》，载冯建荣著《越语》，中华书局，2018年，第211—218页。
② 蒋芳、包昱涵：《"大运河是祖先留给我们的宝贵遗产"》，《新华每日电讯》2022年7月20日，第1版。

浙东运河迎恩门水街　阮关利／摄

日起，《绍兴市大运河世界文化遗产保护条例》正式施行，标志着绍兴市大运河世界文化遗产保护工作的全面开展。

同时，为进一步精心保护大运河遗产，有效传承大运河文化，合理利用大运河资源，2019年9月，绍兴市委、市政府决策建设浙东运河文化园（浙东运河博物馆）。2020年4月，一个占地337亩，总建筑面积12.4万平方米，集文博、文创、文旅于一体的浙东运河文化园（浙东运河博物馆）正式开工建设，绍兴用新时代的传承和创新继续书写着大运河保护、传承与利用的新篇章。

稽山鉴水话风流

绍兴水城①

越国古都　东方水城

闻说山阴县，今来始一过。
船方草履小，士比鲫鱼多。
聚集山如市，交光水似罗。
家家开老酒，只少唱吴歌。

［明］袁宏道《初至绍兴》

迎恩门　阮关利/摄

---

① 本文主要参考任桂全《绍兴：2500 年城记》《绍兴水城的形成及其特色》两篇文章，载中共绍兴市委党史研究室、绍兴地方志编纂室编《绍兴城市文化论丛》，中国文史出版社，2020 年。

水在城中，城在水中。

交织错落的河道，纵横密布的水巷，演变成了越中山水的血肉风骨，又在社戏和黄酒的声色中，塑造着东方水城的独特灵魂，流淌出城之古韵、水之风情。

绍兴，一座始建于越王勾践七年（前490）的越国都城，距今已有2500余年历史。站在历史的长河中，转身回望这座城，我们发现这座城不仅地理位置不变，古今城址相合，而且还在继续使用，仍然是当地政治、经济、文化中心。正如郦学泰斗、历史地理学家陈桥驿先生所说："在目前我国存在的古老城市中，这个城市（指绍兴）还有大量的古迹未曾泯灭，有利于现场的勘察。譬如，在城内，自从南北朝末期划分的山阴、会稽两县的县界，至今还有很长段落依然存在，而从汉晋以至唐宋的地名，包括街道、河渠、坊巷桥梁等等，很大部分至今仍然沿用。"[1]这在我国古都发展史乃至城市发展史上，都称得上是个奇迹。

绍兴水城，自春秋战国时期的越国都城，到秦汉六朝时期的会稽郡（县）城，终在隋唐五代至北宋时期的越州，完成由西城东郭形制向内外城即"套城"形制转变的同时，逐渐形成个性鲜明的水城格局。唐代诗人张籍称越州为"无家水不通"的江南水城，北宋王安石也赞美越州"越山长青水长白，越人长家山水国"。明代地理学家王士性考证越州水城的形成指出："此本泽国，其初只漫水，稍有涨成沙洲处则聚居之……久之，居者或运泥土平基，或作圩岸沟渎种艺，或浚浦港行舟往来，日久非一时，人众非一力，故河道渐成，甃砌渐起，桥梁街市渐饰……"[2]由此可见，越州城之所以成为水城，无疑得益于其所处的自然地理环境。而长期生活于此的越人，其生活需求也成为建设水城的动力。

而南宋时期，绍兴水城发展达到飞跃期，绍兴府建成了水偏门、都泗门等6座水门，平原水网与城内河道合为一体，形成新的水系格局。嘉定十四年到十七年（1221—1224），郡守汪纲等对罗城及水陆城门和城内路、渠、桥等基础设施进行大规模修建完善，绍兴城内已建成了"一河一街""一河两街""有河无街"水城格局，并形成以南北向府河为主干，东西向河道为支流，河、池、溇、港纵横交错的水系网络。经过这次大规模的修建，绍兴城内的厢坊设置、

---

① 陈桥驿：《历史时期绍兴城市的形成与发展》，载《吴越文化论丛》，中华书局，1999年，第375—376页。
② ［明］王士性：《广志绎》卷四，中华书局，1981年，第71页。

府城图［明万历十五年（1587）《绍兴府志》刻本］

街衢布局、河渠分布、规模范围等，基本定型，直到清末、民国都没有大的变化。水城的形态，在三个方面得以充分表现：

全城一张水网

据清光绪十九年（1893）所绘《绍兴府城衢路图》记载，在8.32平方千米的古城内，到清末尚有河道33条（包含护城河），加上外护城河，总长60千米，河网密度达到每平方千米7.2千米。另有港、溇多处，大小湖池27处，总水面约占全城面积20%。有桥229座，城中每0.03平方千米就有1座。这在江南城市中也是绝无仅有的。

同时，从33条城内河道的布局来看，疏浚者是经过周密规划后才付诸实践的。古人按照地势，首先将穿城而过的南池江建成南北向的市中心主干河道。然后，又将坡塘江从水偏门导入城内，使之成为西半城的南北向主干河道。同时，还将从城东南来的平水西江，从东郭门导入城内，形成稽山河，使之成为东半城的南北向主干河道。这三条大致平行的南北纵向主干河道，为之后开挖东西横向河道，最终形成纵横交错的城市水网创造了条件。

城内水网与城外水网有机融合

绍兴水城位于会稽山北麓的山会平原，而山会平原是经过越人长期辛勤劳动，由海侵海退后留下的沼泽地演变来的。面对这样的地理环境，越人通过城门很好地规划了城内水网与城外水网的关系，嘉泰《会稽志》中有详细记载：

首先，开设6处水城门，以确保入城和出城的流水畅达。州城9处城门，可分为三种形式：一为水城门，二为陆城门，三为水陆兼通城门。例如将城中水排出城外的水门，分别需通过城西的迎恩门（即西郭门）和城北的三江门（即昌安门），而这两门又是陆路进出的必经之地，因此均为水陆兼通城门。

其次，水城门门口建立堰闸，以确保城内水网安全。城内水网主要靠引入城市上游的古鉴湖补充水量。由于古鉴湖水位"高于城中之水，或三尺有六寸，或二尺有六寸"，水位落差明显，为确保城内水网安全，便在城东、城南加强防范，从两方面采取措施：一方面在城东和城南的水城门外分别建立都赐堰、东郭堰、南堰和陶家堰等四堰，在保证防洪安全的同时，满足城内水源和交通需要；另一方面，在建筑东城墙时增加厚度，提高抗洪能力。

清光绪十九年（1893）《绍兴府城衢路图》

充分发挥护城河的城内外水位调节作用

至晚唐时期，越州"外池"已经形成，即外护城河，此后又增浚"内池"，即内护城河。万历《绍兴府志》记载："外池东广十丈，深一丈；西广八丈……内池俱广一丈八尺，深七尺。"城墙内外分别开挖护城河，这是极为罕见的。尤其是城内护城河，能够增加与城外水网的沟通，是对6处水城门引水和排水的补充。

值得注意的是，内、外护城河的形制有别。外护城河不同地段根据环境变化，东南西北各方的深度和广度都不一样，而内护城河则一律广一丈八尺，深七尺。究其根本是功能不同，外护城河兼具城防、交通功能，内护城河在于汇通城内水系，并加强与城外水系的联系。另外，外护城河之阔，超越常规数倍。唐代《通典》卷一五二"守拒法"中，城池设施规模已经形成制度，要求"面阔二丈，深一丈，底阔一丈"，而外护城河东面比规定阔5倍，西面阔4倍，南面阔4.4倍，北面阔2.5倍。之所以如此，是因为外护城河还承担了城内外水上交通调度和码头的功能。如此看来，绍兴被称为"水城"，名副其实！

绍兴水城的特色是多方面的。这体现在城内是一张纵横交错的水网，有堪称独一无二的内外双重护城河，水城门多达7处且呈不对称排列等等。西兴运河连通城内，将城内南北向的三条主干河道串联在一起，从而激活了城内水网的连通功能。

绍兴水城，除了中国传统城市必须具备的防御功能之外，各种城池设施，几乎都是以"水"为中心展开，有满足军事安全、城市防洪、居民用水、水上交通乃至保持城内活动等功能的各种设施。

溯寻历史，绍兴代有所成，把"治城"与"治水"完美结合在一起，使水城因水而生，因水而兴，因水而美。直至民国初年，绍兴古城墙依然雄壮完整，高约7—8米，宽为6—10米，周长1.36万米；民国二十七年（1938），绍兴古城墙被当时的驻绍国民军以抗战需要为由拆除。

中华人民共和国成立后，绍兴水城保护逐渐被提上日程。尤其是1999年7月，绍兴市委、市政府按照省委、省政府提出在3年内完成城市防洪工程的要求，并结合建设经济强市、文化名市、旅游大市目标，确定"顺民众之意，举社会之力；建标准城防，促百业兴旺；治古越河道，塑名城新貌"的总体思路，决定对环城河进行全面改造，实施市区城市防洪河道综合整治工程。这是一项集防洪、

千年水乡 阮关利／摄

鸟瞰绍兴水城　钱科/摄

迪荡新城　何正东/摄

城建、环保、文化、旅游于一体的综合性工程。2001 年 7 月完成，砌筑高标准河塘 24 千米，疏浚淤泥 40 万立方米，拆迁旧房 64 万平方米，建成 50 万平方米公园和八大景点，充分展现了"水清可游、岸绿可闲、街繁可贸、景美可赏"的水城新貌。绍兴先后获得了"中国人居环境范例奖""中国水利工程优质（大禹）奖"等一系列荣誉称号。2003 年 11 月，环城河被评为国家水利风景区。

2022 年，"古城申遗"被写入绍兴市第九次党代会报告和绍兴市九届人大第一次会议《政府工作报告》中。启动古城申遗，已成为绍兴市委、市政府的一项重大决策部署，也正成为全市人民的一份期盼。

看画舫悠悠，美人珠帘；听说书评弹，戏曲连场。绍兴从千年古韵中走来，仿佛是画中泼墨的"青山隐隐水迢迢"，是枕河而居的"小桥通巷水依依"。她在乌篷茴香中摇开"柔橹一声舟自远"的畅快悠然，又在女儿精酿里沉淀"酒旗招展舞斜阳"的乡愁醉意。

　　于历代绍兴人而言，水城的记忆从不会因时间的流逝而淡化，因为这片生养他们的土地不仅有旖旎风光，更有傲然风骨，凝聚文化的血脉永远流淌。

　　如今，这座水城迎来了自己的复兴，而都市的广厦林立下却依然温存着这份不愿忘却的关于"水"的记忆。数千年来，环境变化、城市变迁，唯有不变的文化凝聚了独特的水城之魂，它激励着一批又一批的绍兴建设者们干在实处、走在前列，持续优化古城功能、修复山水风貌、保护文化遗存，擦亮历史文化名城、东亚文化之都和稽山鉴水"金名片"。

　　如此，水城兴，绍兴盛。

稽山鉴水话风流

绍兴古桥群

『万桥乡』的杰出代表

有水无山景不周，山重水复复何求。

垂虹玉带门前事，万古名桥出越州。

陈从周《越州吟》节选

八字桥　寿鹰翔／摄

小桥流水枕河人家，青石白墙古巷灰瓦。

绍兴，因水而生，因水而兴，因水而美，因水而名。水与桥紧密结合，清流贯街，石桥处处，偶有"咿呀"的船桨划破水乡的平静，小船从青藤蒙络的桥洞中穿过，戴着乌毡帽的船夫与岸上人不时应声吆喝，真的是人们印象中那如诗如画的江南。

绍兴的古桥历史悠久，桥型系列相对完整，在中国科学技术史上占据着重要地位，连中国著名桥梁专家茅以升也不禁感叹："我国古代传统的石桥千姿百态，几尽见于此乡。"这里的每一座古桥就像是一部部陈旧发黄的古书，记载着水乡厚重的历史，也悄然诉说着那些流传千古的故事。

清康熙《绍兴府志》记载，绍兴"自通衢至委巷，无不有水环之"，街河相依，跨河建桥，五步一登，十步一跨，可谓"无桥不成市，无桥不成路，无桥不成村"。据清光绪十九年（1893）绘制的《绍兴府城衢路图》所示，当时绍兴城内有桥梁229座，城市面积为8.32平方千米，平均每0.03平方千米就有桥一座。据1993年底统计，全市有桥10610座，也由此被形象地誉为"万桥乡"。

目前，绍兴全市仍然保存的宋代至民国时期的各类桥梁多达700余座，其中宋代以前古桥13座，明代以前古桥41座。从适应于小江小河的平梁桥、石拱桥，到跨入当今世界先进拱券结构的准悬链线拱桥，这座被誉为"古桥博物馆"的城市包罗万象，以石梁桥、石拱桥和拱梁结合型桥三大类型桥为典型，构成了一个极完整的古桥系列，成为中国古代桥梁发展与演化史的缩影。

2001年6月，八字桥被评为全国重点文物保护单位；2013年5月，由八字桥、光相桥、广宁桥、泗龙桥、太平桥、谢公桥、题扇桥、迎恩桥、拜王桥、接渡桥、融光桥、泾口大桥等组成的"绍兴古桥群"被评为全国重点文物保护单位。各地游客络绎不绝地前来，竞相探索这座"桥乡"背后的迷人故事。

八字桥　位于越城区府山街道八字桥直街东端的三河交汇处，厚重而斑驳的石块、被雨水冲刷侵蚀的坑洞、纤绳反复拉磨的痕迹、肆意攀延的野草绿植……林林总总，无一不证明着它所经历的风霜岁月。八字桥建于南宋嘉泰年间（1201—1204），后多次维修，1982年再行加固性修缮。桥为石梁式，主桥东西向横跨稽山河，总长32.82米，桥孔净跨4.91米，宽3.2米，高3.48米。桥上置栏，望柱头雕覆莲。八字桥根据特殊的地形环境，合理设计了跨越三河、沟通四路的桥梁，巧妙解决了复杂的水陆交通问题。因其建在三水汇合处，状

广宁桥　何正东／摄

如"八"字，古典园林专家陈从周称其为"古代的立交桥"，在中国桥梁建筑史上占据着重要地位。

光相桥　位于越城区府山街道下大路社区环城北路越王桥西首，旧时桥畔有光相寺，故名。桥体始建于元代，为单孔石拱桥，现桥应为元至正年间（1341—1370）于原址重建。桥身全长29.55米，桥面宽6米，拱券纵向分节并列砌筑，拱顶石刻莲花等图案。清代文史学家李慈铭曾作诗词感叹："落日来西寺，桥阴堕古松。"1961年，被列为县级文物保护单位，1989年12月又被列为浙江省重点文物保护单位。古朴的造型保留了宋代以前的风貌，是绍兴市现存最古老的石拱桥之一。

广宁桥　位于越城区府山街道长桥直街，城区古运河上。据嘉泰《会稽志》记载，明万历二年（1574）重修，单孔七折边石拱桥。桥身全长60米，桥面宽5米。拱顶石上题刻"万历二年"等字样。桥下设纤道，可以上下立体交叉通行。自南宋以来，这里一直是纳凉观景之处。站在桥上远眺，古城南诸山之景尽收眼底。桥心正对大善寺塔与龙山，为极好的水上对景。虽历经沧桑，桥碑字迹也认不清一字，然伫立桥上，仍能读尽水乡无声之语。

泾口大桥　位于越城区陶堰街道泾口村泾口自然村陶堰泾口段的浙东运河

题扇桥 寿鹰翔/摄

上。桥始建年代不详,清宣统三年(1911)重建,由三孔拱桥和三孔梁桥组成。桥身全长 46.5 米,桥面宽 3.2 米,拱券纵联分节并列砌筑,薄壁桥墩,各孔跨径均在 6 米以上,中孔略大。拱桥南端落坡连接梁桥。

太平桥 位于柯桥区柯岩街道阮社社区阮四村浙东古运河旁,始建于明天启二年(1622),清乾隆六年(1741)、道光五年(1825)相继重修,清咸丰八年(1858)重建,由单孔拱桥和八孔梁桥组合而成。桥身全长 40 米,桥面宽 3.5 米,单孔拱桥高高隆起,拱脚内侧设纤道。桥南侧 T 字形踏步与古纤道连接,单孔拱桥北侧为八孔梁桥,桥高度由南至北逐渐降低,每孔跨径 3.5—4.5 米之间不等,保存完整。民间说,这座桥的名字跟古代的一位"天医"倪涵初有关,倪天医曾在此桥头熬制神药,治好了瘟疫,救治了百姓。因此,百姓们都爱到太平桥许下祝福,祈祷太平。

谢公桥 位于越城区府山街道新河弄社区西端的西小河上。始建年代不详。嘉泰《会稽志》载:"谢公桥在新河坊,以太守谢公囗所置,故名。"清康熙二十四年(1685)重修,系单孔七折边石拱桥。桥全长 28.5 米,净跨 8 米,桥面呈八字形,顶部净宽 2.95 米。

题扇桥 位于越城区府山街道城区河道上。嘉泰《会稽志》载,题扇桥在

太平桥 陈晓/摄

蕺山下,晋"王右军为老姥题六角竹扇,人竞买之",桥因此得名。相传,曾有一位穷苦的老妇曾在此卖六角扇,生意冷清。书圣王羲之见了,就在每把扇上都题了词,并嘱咐老妇定要提价出售。世人见是书圣墨宝,竞相争购。"提字助老"的故事也成为一时佳话。现在桥上还竖着"右军题扇处"的石碑。现桥系清道光八年(1828)重建。单孔石拱桥,桥身全长18.5米,桥面宽4.6米。

迎恩桥 又名菜市桥,位于越城区北海街道运河进城口子处,是古代绍兴水路进城的西边门户,跨浙东大运河。据传,古代帝皇驾临绍兴时,地方官员就在此迎接等候,故因此得名迎恩桥。明代已有此桥记载,据《越中杂谈》载:迎恩桥一名菜市桥,在西郭门外。桥始建于天启六年(1626),方向南北、质

料用石，一方洞，桥面广度一丈，上有石栏。现存为清代重修，单孔七折边石拱桥。桥长19米，桥面宽2.7米，桥拱高3.77米。

拜王桥　位于越城区塔山街道府山直街南端。宋嘉泰《会稽志》记载，"拜王桥在狮子街，旧传以为吴越武肃王平董昌，郡人拜谒于此桥，故以为名"。清康熙二十八年（1689），知府李铎重修，单孔五折边石拱桥。桥长26.3米，宽3.7米，桥高3.55米，拱高3.25米，净跨5.7米。桥拱为纵联分节并列砌筑。

接渡桥　位于柯桥区柯桥街道新中泽社区鸡笼江上。清代建筑，由三孔拱桥与两孔梁桥组成。桥身全长55.45米，桥面宽3.2米，三孔拱券跨径及矢高均等，拱券皆纵联分节并列砌筑，薄壁桥墩，东西两侧为梁桥。原桥北面有一

融光桥　严利荣/摄

渡口，因桥接渡口，故名。

融光桥　位于柯桥区柯桥街道大寺社区，跨浙东运河。始建年代无记载，约建于明成化年间（1465—1487），因桥旁原有融光寺而名，是柯桥古镇的重要组成部分。桥身全长 23.7 米，桥面宽 3.5 米。拱顶石深浮雕盘龙图案和捐资修桥者姓名，拱脚内侧设纤道。

泗龙桥　位于越城区东浦街道鲁东村，城郊鉴湖上。始建年代不详，民国重修，由三孔拱桥和十七孔梁桥组成，故又称廿眼桥。桥身全长 97 米，桥面宽 3 米。三孔桥拱券纵联分节并列砌筑，中孔略高。桥南侧建桥亭。泗龙桥状如长龙卧波，爱国诗人陆游也曾特别钟情此桥。不仅仅是因其跨湖之壮观，幽雅之山水，更因这座桥北的水村鲁墟，是他魂牵梦萦的祖居之地。

这些现存的古桥，有的是中国古代桥梁科技史上杰出的发明创造，具有重要的文物价值；有的充满着江南轻盈灵动的风姿意蕴，是绍兴古建筑中的精品杰作；有的则颇具传统雕刻的深邃魅力，以瑞兽花鸟为题材，赋予吉祥寓意，体现了浓郁的江南特色。这得益于列入国家级非物质文化遗产名录的绍兴市石桥营造技艺。

泗龙桥　严利荣/摄

说起绍兴石桥营造技艺，可以追溯到春秋战国之前；至汉代，石拱建桥技术日益成熟；唐宋时期桥梁营造技艺不断提高；清代，石桥营造技艺发展到鼎盛时期。据了解，绍兴石桥营造技艺门类齐全，包括石梁桥、折边拱桥、半圆形拱桥、马蹄形拱桥、椭圆形拱桥、准悬链线拱桥等各类石桥的建造技术。施工建造石桥时也有一套完整的技术方案，从地点选择、桥型设计、基础施工、桥体结构、加工安装到石材运输等均有系统的工序和方法。一般的建筑程序包括选址、桥型设计、实地放样、打桩、砌桥基、砌桥墩、安置拱券架、砌拱、压顶、装饰、保养、落成等环节。

绍兴石桥文化早已成为越文化的重要组成部分。"欢天喜地跨新桥""上城坐船马院桥""哭哭啼啼走庙桥""买鱼买肉过洞桥"……在绍兴悠久的古桥文化中，这些生动的桥谚俗语广为流传，也成为土生土长的"绍兴佬"们最真实的生活写照。

有人说"桥是水乡的风骨、水乡的灵魂"，这话并不夸张。每每站在古城千姿百态的石桥前，人们可以看到的远不止风景那么简单。这些工艺精巧、造型各异的古道石桥，那些颇有韵味、妙趣横生的奇闻轶事，它们承载的不仅仅是匠人匠心、水乡变迁，更是"一方水土一方人"的风俗民情和文化烙印。

"垂虹玉带门前事，万古名桥出越州。"绍兴古桥群是古越先人留下的珍贵遗产，也是水乡最独特的文化符号。那纵横交错的水网中虹卧清波的古桥连接了这座城市的街巷过往，经千年而韵味弥新。

稽山鉴水话风流

避塘

狭泎湖的避风港湾

千顷狭泎似镜平，中流皓月写空明。
动疑兔魄随波去，静见骊珠蹴浪生。
光满星芒都北舍，湖宽雁影尽南征。
谁分秋水长天色，遥岸萧萧折苇声。

［清］陈雨村《狭泎秋月》

避塘卧波　陈晓／摄

清代诗人陈雨村笔下，似镜一般清澈汪洋的"千顷狭猕"，位于越城区灵芝街道，河道面积234.68万平方米，容积635.04万立方米，是目前绍兴最大的淡水湖泊。狭猕湖因湖中盛产一种黄色无鳞的狭猕①鱼而得名。

避塘如长虹卧波，横亘于狭猕湖湖面上。避塘始建于明崇祯十五年（1642），清代嘉庆、咸丰、同治和宣统年间均曾修缮。避塘南起灵芝街道林头村，北至七里江村，全长3.5千米，宽约2米，高约5米，由实体塘堤、石桥、石亭相间组成。实体塘堤是整条避塘的主体，它两面临水，破湖而建。塘路弯曲，平面略呈"S"形，北段大部分用长约2—2.3米的条石叠砌，自下而上逐层收分，塘面宽2米多，上铺石板，石板与石板之间用凹凸榫卯相衔接；南段采用条石间丁石叠砌，塘面石板与塘身宽度基本一致，石板之间铺嵌系石以固定堤面。避塘坚实稳固，造型大气雄壮，厚重朴质。常水位下避塘距水面约仅1米，人行其上，两面临水，视野开阔，极具亲水之感。

为何要在狭猕湖中修建避塘呢？据清嘉庆《山阴县志》卷二十记载："湖周回四十里，傍湖居者二十余村。湖西尤子午之冲，舟楫往来，遇风，辄遭覆溺。明天启中，有石工覆舟，遇救，得免，遂为僧，发愿誓筑石塘，十余年不成，抑郁以死。会稽张贤臣闻而悯之，于崇祯十五年（1642）建塘六里，为桥者三，名曰'天济'。盖罄赀产为之，五年而工始竣。"

这个古人笔下"似镜平"的大湖，每逢大风天气，便会波涛汹涌，露出凶险的一面。由于周围无处避险，船覆人亡的悲剧时有发生，因此引

---

① 狭猕（音同"昂桑"）：一种鱼的名称，正式学名叫黄颡（音同"桑"），绍兴人称汪刺鱼、汪蛟、狭猕等，为鲶科。

云映避塘　何正东／摄

起一些热心公益的乡贤重视，并组织乡民在烟波浩渺的湖中央施工，最终建成"水上避风港"。避塘之上，路亭石壁上的"募修备塘碑"几个大字仍清晰可见。避塘建成后，形成了"外湖内河"格局，如遇大风，外湖船只穿过桥洞进入内湖便无风浪冲击之患。从此，舟行塘内，可以避风涛之险，亦免受浪涛激岸，捍卫沿湖田园。

　　抚今追昔，避塘不仅仅是一处古代民间的智慧结晶，体现了古代绍兴先贤倾举家财、积德行善、造福桑梓的宽厚情怀，也是一处重要的水利遗产，体现了古人治水实践中的智慧。

　　今天的避塘，基本保持着清代原貌。其粗犷的石材造型，映衬在柔和的波面上，旷达而婀娜的特有风光，正是绍兴石文化、水文化相映成趣的写照。

　　1989年12月，狭㺔湖避塘被列为浙江省重点文物保护单位；2013年3月，被列为全国重点文物保护单位。

古越水利遗址群

古越水利助霸业

稽山鉴水话风流

有志者事竟成，破釜沉舟，百二秦关终属楚；
苦心人天不负，卧薪尝胆，三千越甲可吞吴。

［清］蒲松龄

富中大塘遗址呱山段

若耶大冢者句踐所徙葬先君夫鐔冢也去縣二十五里

葛山者句踐罷吳種葛使越女織治葛以獻於吳王夫差去縣七里

姑中山者越銅官之山也越人謂之銅姑瀆長二百五十步去縣二十五里

富中大塘者句踐治以爲義田爲肥饒謂之富中去縣二十里二步

犬山者句踐罷吳畜犬獵南山白鹿欲得獻於吳神不可得故曰犬山其高爲犬亭去縣二十五里

雞山豕山者句踐以畜雞豕將伐吳以食士也雞山在錫山南去縣五十里豕山在民山西去縣六十三里洹江以來屬越𥱻豕山在縣鼇界中

白鹿山在犬山之南去縣二十九里

練塘者句踐時采錫山爲炭稱炭聚載從炭瀆至練塘各因事名之

越絕書卷八

去縣五十里

木客大冢者句踐父允常冢也初徙瑯琊使樓船卒二千八百人伐松柏以爲桴故曰木客去縣十五里一曰句踐伐善村交刻獻於吳故曰木客

官瀆者句踐工官也去縣十四里

苦竹城者句踐伐吳還封范蠡子也其僻居徑六十步因爲民治田塘長千五百三十二步其冢各土山范蠡勤功篤故封其子於此去縣十八里

北郭外路南溪北城者句踐築鼓鍾宮也去縣七里其邑爲龔錢

舟室者句踐船宮也因冢爲家爲秦伊山

民西大家者句踐客秦伊昭龜者冢也去縣五十里

射浦者句踐教習兵處也今射浦去縣五里射卒陳音死葬民西故曰陳音山

《越绝书》有关"富中大塘"的记载

石筍溪在縣東八里一名石溪

柘溪在縣東南二十五里源出天姥山

石仈溪在縣東南西二里源出天台山瀑布

沃洲在縣東七十里晉支道林白道猷隱居於此唐朱放詩云月在沃洲山上人歸刻縣江邊劉長卿詩云何人住沃洲魏鄭公酉題云何代沃洲今夜興倚蘭千聽赤城鐘

放馬澗在縣東三十二里支道林放馬之所世說或養馬不韻答曰貧道但賞其神駿自此之沃洲天姥皆有道林遺迹

湖 北

會稽縣

回涌湖 在縣東四里一作回踵舊經云漢馬臻所築以防若耶溪溪水暴至以塘灣回故曰洄涌南史謝靈運傳會稽東郭有回踵湖以爲田太祖令州郡履行此湖去郭近水物所出百姓惜之太守孟顗執不與初學記山陰有回浦湖蓋舊屬山陰縣界

鏡湖在縣東二里漢永和五年故南湖也一名長湖又名大湖通典云東漢永和五年太守馬臻始築塘立湖周三百十里溉田九千餘頃人獲其利王逸

嘉泰《会稽志》有关"回涌湖"的记载

富中大塘遗址坝内村段　沈关渝／摄

　　据《越绝书》、嘉泰《会稽志》记载，越王勾践自吴获释归国，誓复耻仇，治水利，兴渔牧，并兴筑蓄水工程和围垦工程等，其中包括以富中大塘、南池等为代表的古越水利遗址群。

　　富中大塘遗址　富中大塘是越王勾践时在山会平原所建的围塘蓄水工程。据考证，富中大塘居山阴故水道南，塘体高约 2—3 米，西起绍兴城东的若耶溪东岸，至樊江吼山（犬山）北侧的坝头山止，全长约 10 千米。塘内面积约为51 平方千米，有近 4002 万平方米可耕农田。随着越国社会经济发展，开发能力增强，富中大塘也呈向东不断开发扩展的趋势。东汉马臻筑成鉴湖，富中大塘被纳入鉴湖拦蓄范围，历经 600 年的大塘遂湮废。

　　南池遗址　据嘉泰《会稽志》记载："南池在县东南二十六里会稽山，池有上、下二所。"乾隆《绍兴府志》载："南池，一名范蠡养鱼池……今之上破塘村乃上池。"而下池即南池，位于越城区鉴湖街道秦望村，遗迹尚存，残塘全长约 220 米，距附近田面高 16.3 米（田面高程 20 米），塘底宽 106米，面宽 65 米。塘东已有 65 米长缺口，南池溪流贯其间。南池控制集雨面积 15.87 平方千米，水面面积约 0.53 平方千米，蓄水库容 300 万立方米。南池是中国古代早期蓄水塘库并开水库养鱼之先河。

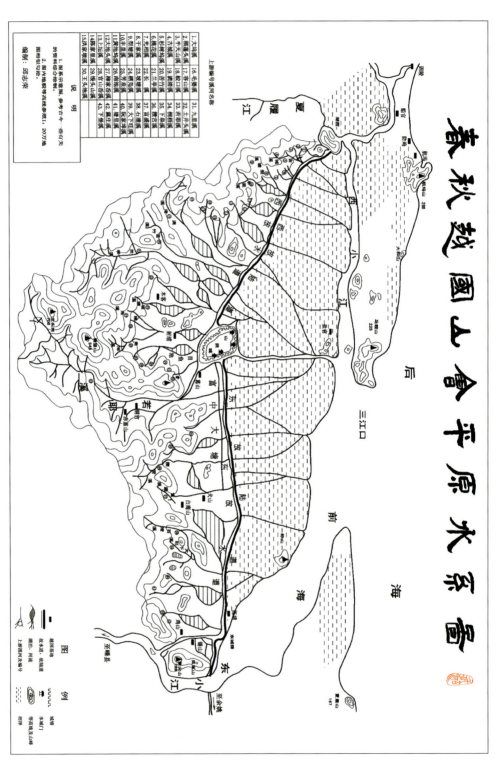

春秋越国山会平原水系图

春秋越国山会平原水系图（《绍兴市水利志》）

塘城渡槽

秦望水坝遗址 又称横山。位于越城区鉴湖街道秦望村秦望山（胡家塔）自然村。水坝建于战国时期，现存遗址东接椅子山，西连庙山。坝体用土夯筑而成，总体长约 200 米，坝基宽约 58 米，高 12—14 米不等，两面斜坡，顶平，横剖面呈梯形。现存水坝坝体不完整：东端有坡塘江源头溪自南向北流淌及旧时通道形成的宽约 35 米的缺口，西端有近年来村级公路及村民建设形成的宽约 40 米的缺口。2011 年，被列为绍兴市文物保护单位。

坡塘遗址 位于越城区鉴湖街道盛塘村。据考证，有一处高出路面 6—7 米的土坝，为坡塘遗址。坡塘溪集雨面积 5.51 平方千米，在经东西的庙山和大窑山之间筑起一条长约 250 米、高约 10 米的大坝，其内形成一个水面约 0.24 平方千米、蓄水量约为 80 万立方米的蓄水库。

回涌湖遗址 又名回踊湖。位于越城区禹陵的葛山两侧。据嘉泰《会稽志》载，为东汉马臻太守所筑，另一种说法是东汉马棱任会稽太守时所筑，建成于永元十七年（105）前。回涌湖坝高 18 米以上，坝底宽大于 100 米，集雨面积 137.74 平方千米，可拦蓄若耶溪来水，水面面积 8.56 平方千米。湖面南北长，东西狭。湖水深约 3 米，正常蓄水库容 2000 万立方米以上，滞洪库容约 6000 万立方米，总库容 8000 万立方米，是浙江省最早建成的高坝中型水库。

云松水坝遗址 又称断塘。位于越城区鉴湖街道云松村北约 2 千米的满清山与湖口山之间。水坝应建于春秋越国时期。坝体用土夯筑而成，平面稍呈"S"形，东西走向，全长约 150 米。坝体东端已开挖有长约 25 米的豁口作进出道路，西端开挖有长约 8 米的通道，坝体残长约 120 米。横截面呈梯形，现底宽约 40 米，顶宽约 20 米，高约 7—8 米。水坝遗址的分布面积约 4400 平方米。以水坝为基点的向南区间的东面与西面的两面山峦屏障，形成一个相对封闭的水库区域，今东端口山沿处仍出有一条溪流。

古越水利因地制宜，规模不是很大，但这些水利工程适应了当时古越地区生产力发展要求，为农业、养殖、冶金、制陶、纺织等生产，以及军事提供了基础条件，其兴建年代、建筑规模、技术水平以及所产生的工程效益，毫不逊色于同期黄河流域的水利工程。[1]

① 邱志荣：《其枢在水——绍兴水利文化史》，中国社会科学出版社，2018 年，第 93 页。

绍兴古海塘

造福越地的『海上长城』

西渡钱塘避怒涛，南观小海动银毫。
地平鱼齿三成壮，潮没鳌头八月高。
夜半军声喧铁马，日中浪影舞银刀。
俞公塘护汤公闸，推倒灵胥气不豪。

[清] 徐梦熊《南塘观潮》

绍兴古海塘　丁贤灿／摄

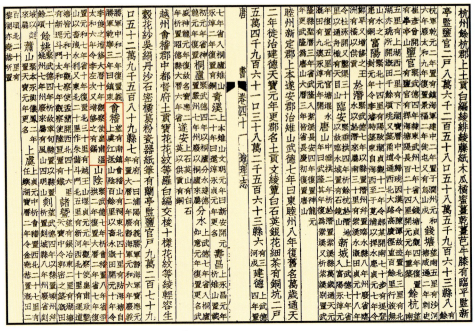

《新唐书》中关于会稽"防海塘"的记载

"八月南塘海气清，秋潮向远海门生。声飞两浙天捶鼓，浪压三江雪满城。罗刹岸头争退避，神仙岛下任纵行。汹汹不用弯弓射，看到浮山势自平。"这是清人沈香岩笔下的绍兴海潮，波澜壮阔的景象令观者惊心动魄。

千百年来，澎湃的海潮给人们带来壮观开阔之景，却也成为无数濒江临海百姓们耕养生息的心头之患。鉴于绍兴特殊的自然地理环境，为解决海潮侵蚀、洪水泛滥、潮水倒灌的难题，古越百姓在北部修筑"海上长城"，用以防范海潮的肆虐侵袭，也就是今天的绍兴古海塘。

据《中国水利百科全书（第二版）》中解释：海塘为沿海岸以块石或条石等砌筑成陡墙形式的挡潮、防浪的堤，又称陡墙式海堤。古越之地濒海，修筑海塘，对这片土地而言是最为安全有效的水利措施。

沧海桑田：绍兴古海塘的前世今生

历史上的绍兴海塘，栉风沐雨，经历了从零星建设到连线土塘，再到防洪标准不断提高，逐渐形成石塘的发展历程。据考证，西长山应是越族早期的塘坝工程，建设年代距今约5000年前，主要为这一带古越聚落御咸、蓄淡、灌溉，

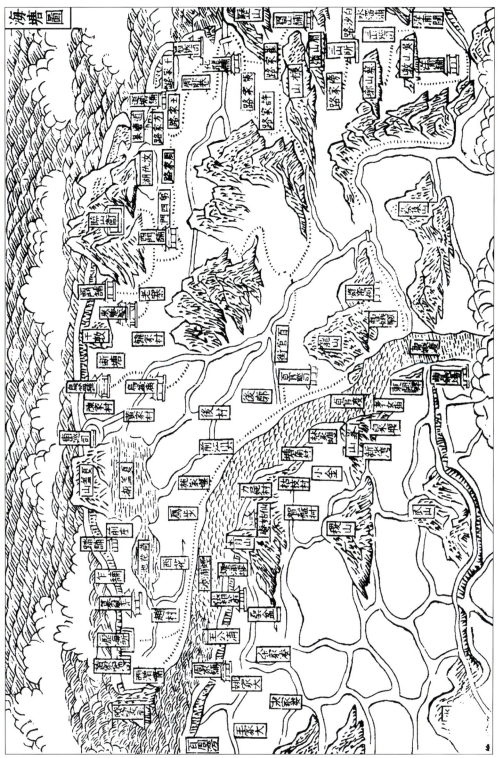

海塘图［明万历十五年（1587）《绍兴府志》刻本］

也起着防御作用；之后是春秋时期的"石塘""防坞""杭坞""固陵"等沿海塘坝。唐代开始，绍兴的海塘建设呈现出由段成线贯通、由南向北推移的特征，标志着绍兴的水利建设，从此前的以拦蓄为主，开始向外阻与内泄并重的转变。唐代修建的多为土塘，至宋代始，逐渐修筑石塘。尤其是知府赵彦俫主持修复加固的6120丈海塘，其中的三分之一改用石料建筑，成为绍兴海塘建设史上时间最早、规模最大的石砌塘工程。明清时期，石塘基本代替土塘。清末，全长117千米的石砌萧绍海塘基本形成。中华人民共和国成立后，海塘的品质不断提升，特别是随着围涂和海岸线的外移，标准海塘的建设成为绍兴平原强大的护卫屏障。①

绍兴古海塘主要有三部分组成，即萧绍海塘、百沥海塘和浙东海塘（上虞段）。

萧绍海塘 西起萧山临浦麻溪桥东侧山脚，经绍兴至上虞蒿坝清水闸闸西山麓，全长116.85千米，由以下五段组成：西江塘、北海塘、后海塘、防海塘和蒿坝塘。萧绍海塘在柯桥区童家塔，越城区、柯桥区段长18.33千米，上虞区段25.82千米。

萧绍海塘始筑年代说法不一：一是嘉泰《会稽志》称"莫原所始"；二是清代程鹤翥《闸务全书》谓"汉唐以来"；三是据东汉马臻曾在沿海建玉山斗门以泄洪涝推测，修建年代应晚于东汉。最初的萧绍海塘以土塘为主，直到宋代，部分土塘改为石塘；明嘉靖年间(1522—1566)建三江闸东、西两侧海塘，使萧绍海塘全部连成一片；清代至民国时期，海塘修筑技术不断提高。1949年后，

① 冯建荣：《绍兴市水利志·序一》，载绍兴市水利局、绍兴市鉴湖研究会编《绍兴市水利志》，中国水利水电出版社，2021年，第21页。

绍兴县、上虞县对萧绍海塘多次加固、改造；1966 年至 1995 年间，大规模围垦海涂，使萧绍海塘（绍兴段）大部分成为备塘。

1989 年 12 月，萧绍海塘（绍兴县段、越城区段）被列为浙江省重点文物保护单位。1994 年，划定萧绍海塘绍兴段保护范围及建设控制地带。2017 年 12 月，萧绍海塘（上虞段）被列为浙江省文物保护单位。

百沥海塘　南起上虞区百官街道龙山头，北至夏盖山西麓止，全长 39.73 千米。百沥海塘元代以前情况，已无可查考。据万历《绍兴府志》记载：元至正七年至九年（1347—1349），筑桩基石塘 1924 丈；元至正二十二年（1362），风暴潮将土塘冲毁殆尽，绍兴路吏王永督修，砌筑条石丁由塘 1944 丈。历明、清两代，海塘经多次修筑，石塘规模渐次扩大。至 1969 年起，百沥海塘外有六九丘涂地围成，自后倪村至夏盖山段，外围有各丘堤塘建成，百沥海塘处于二、三线备塘。现立交桥至余塘下段，堤面宽 6 米，墙顶高程 10.4 米，土堤顶高程 9.5 米；第二段余塘下至赵家村，顶高程 8.1 米，高程 10.3 米，堤面宽 5 米；第三段赵家村至中利村，顶高程 8.1—8.6 米，堤面宽 4 米。

2017 年 2 月，百沥海塘被列为浙江省文物保护单位。

浙东海塘（上虞段）　起自夏盖山东麓，向东经谢塘镇延安、乌盆至上虞与余姚区界止，全长 4.5 千米。海塘形成初始年代无考，浙东海塘（上虞段）有明确记载最早的修缮为元大德年间（1297—1307），到 1949 年止，前后共修筑五次，计明代两次，清代三次。元代始改部分土塘为石塘。清康熙六十年（1721）重筑。清雍正三年至四年（1725—1726）建成无桩基的条块石塘 1467 丈，其余均为培修土方。民国十五年（1926），堤外筑土塘，部分海塘开始转为二线塘。1974 年，修建上虞七四丘围堤，西延至夏盖山之西，东接余姚九塘，是临潮第一线海塘。至此，浙东海塘（上虞段）彻底失去直接防潮的功能，全部转为二线海塘。堤顶高程 7.2—8.1 米，堤身高 3.5 米，全线为条块石塘，但已残缺不全。

历久弥新：新时代的光辉使命

岁月侵蚀，风雨流走。如今，绍兴的部分海塘虽已被埋藏地下，但仍有诸多塘体完整地屹立着。而建造起这坚固海塘的工程建筑技术，也正体现了先人的高超建筑技术和治水能力。

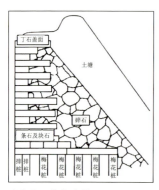

清代条石塘构造图

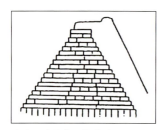

清代双盖鱼鳞石塘构造图

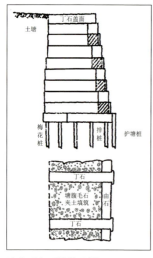

清代丁由石塘构造图

伴随历史的发展，绍兴海塘的结构与施工技术不断进步提高。由初筑时的土塘，继而柴塘，宋代开始较多砌石塘，至清已建筑条石塘、鱼鳞石塘、丁由石塘，民国期间出现浆砌块石斜坡塘。中华人民共和国成立以来，逐渐发展成现今的浆砌块石护坡塘及标准海塘，防御潮洪能力大幅提高。

条石塘　打桩前先去江涂之浮 4 尺许，以在实土中打桩直至桩头与土平，桩视石塘宽度而定道数，常有 6—8 道，桩置于塘基之前半部。条石尺寸一般长 6 尺，高、宽各 2 尺，表面凿平。条石堆砌时从下而上逐层收缩，纵横相间，层数少则 8 层，多则 10 余层，砌至石塘面宽 1 丈左右止。然后在石塘后堆砌土塘以防渗漏。

鱼鳞石塘　因条石层层相压，又逐表鳞次内收，状如鱼鳞，故名"鱼鳞石塘"。施工程序与条石塘相近，唯桩基、砌石有较大区别。鱼鳞塘底桩置有 11 路，其中梅花桩 7 路，马牙桩 4 路。马牙桩密排成"一"字形，用围周 1.5 尺、长 1.9 丈之木；梅花桩布置稍松，前后参错，状如梅花，用围周 1.4 尺、长 1.8 丈之木。鱼鳞石塘视地势高低亦有多寡，多的有 18 层。每层均以厚 1 尺、宽 1.2 尺的条石丁、顺间砌，塘内亦挑堆附土止漏。

丁由石塘　在条石塘、鱼鳞石塘的基础上改置的堤塘。塘由一定规格的条石竖横交错密砌而成。条石砌成与水流相顺者为"由"，与水流成直角者为"丁"，故得名。丁由石塘与条石塘、鱼鳞石塘施工方法的差异，主要在于条石的砌筑采用丁、由排列。民国期间，丁由塘基础逐步缩小，桩基采用混凝土基础形式，可减少投资，增加强度。旧丁由塘逐渐被新丁由塘所取代。中华人民共和

绍兴海塘镇塘殿段（1984 年）　盛建平／摄

国成立前绍兴县境内的萧绍海塘大多已改筑成新丁由石塘，至今仍存童家塔至三江闸，塘湾至小潭及镇塘殿一带。

　　另外，还有石板塘、竹笼木柜塘等其他类型的筑塘技术。

　　1997 年 10 月，浙江省委、省政府作出"建千里海塘，保千万生灵"的号召。绍兴县、上虞市政府决定提高境内一线海塘防御洪潮等级标准。自 1998 年 2 月至 2001 年 7 月，绍兴在原有一线海塘基础上，调整部分堤线，建成五十年一遇至百年一遇高标准海塘。

　　今天，绍兴古海塘的功能虽已不似从前，但其遗存的文化价值却在不断提升。经过 2500 年的修筑探索而形成的绍兴海塘文化，现已成为平原治水历史的重要组成部分。而海塘留给我们的远不止安全和屏障，其中蕴含的尊重科学、艰苦奋斗、百折不挠、智慧勇毅的水利精神，代代流传。

稽山鉴水话风流

三江闸

我国古代最大的河口大闸

水防用尽几年心，只为生民陷溺深。
二十八门倾复起，几多怨谤一身任。

[明] 季本《三江应宿闸》

三江闸与汤公桥　何正东／摄

"凿山镇河海，千年遗泽在三江，缵禹之绪；炼石补星辰，两月新功当万历，于汤有光。"这是明代才子徐渭为汤绍恩祠题撰的联句，高度赞扬了汤绍恩的丰功伟绩，他主持修筑了中国古代长江以南最大的河口大闸——三江闸，护佑古越大地安澜数百年。

星宿惊涛　三江卧波

自南宋鉴湖湮废以后，会稽山三十六源之水直接注入北部平原，原鉴湖和海塘、玉山斗门两级控水变为全部由沿海海塘控制。平原河网的蓄泄失调，导致水旱灾害频发。与此同时，浦阳江下游多次借道钱清江，出三江口入海，更加剧了平原河网灾害的发生。[①]

明嘉靖十四年（1535），汤绍恩由户部郎中迁德安知府，不久改迁绍兴知府。面对绍兴山水大势，汤绍恩经过实地勘察，选定在古三江口、彩凤山与龙背山之间兴建水闸。嘉靖十五年（1536），汤绍恩主持兴建三江闸，次年建成。全长103.15米，设28孔，闸孔总净宽62.74米，因以二十八星宿编号闸孔，又称应宿闸。

三江闸建成后又在闸之西边建了"长二百余丈，阔二十余丈"的新塘，封堵了原老河道，使水归三江闸，实现了三江水系与萧绍平原内河的一体化，形成了山会平原河道水系的新网络，开创了绍兴水利史上通过滨海大闸全控平原水利形势的新格局，使鱼米之乡实现"旱可蓄、涝可排、潮可挡"。

万历《绍兴府志》卷三十八记载："（三江闸）二十八洞，启闭以时，虽旱潦不为病。越人至今赖之。"三江闸以科学的建筑建构和先进的工程管理，持续发挥作用430余年，令人叹为观止。其主要特点如下：

一是工程布置精巧　三江闸选址在彩凤山与龙背山之间，既能利用天然岩基作为基础利于闸基稳定，又濒临钱塘江便于排涝泄洪。同时，各孔闸底随着基岩高程不同，深度也不同，可深浅结合调节泄水流量，内河大水时先开深孔，小水时先开浅孔。两段的角轸二孔称"常平洞"，闸顶高程常年保持正常蓄水位。此外，建水则牌于近岸的基岩上，既利于基准点稳定，又减少

---

① 绍兴市水利局、绍兴市鉴湖研究会编，邱志荣主编：《绍兴市水利志》，中国水利水电出版社，2021年，第443页。

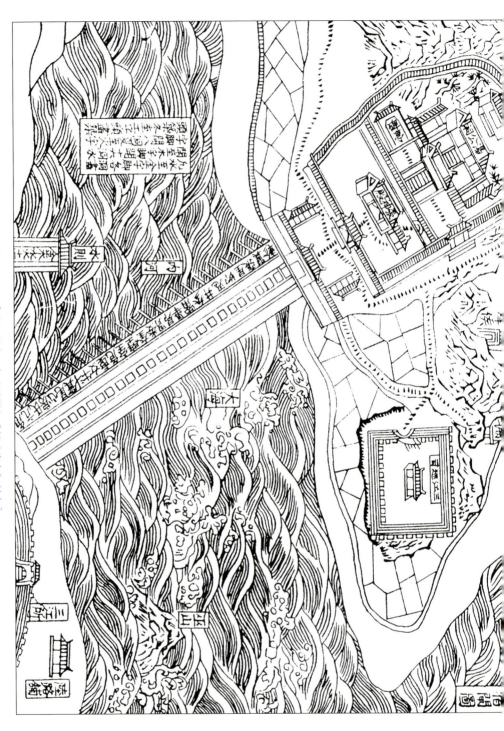

三江应宿闸平面图 [明万历十五年（1587）《绍兴府志》刻本]

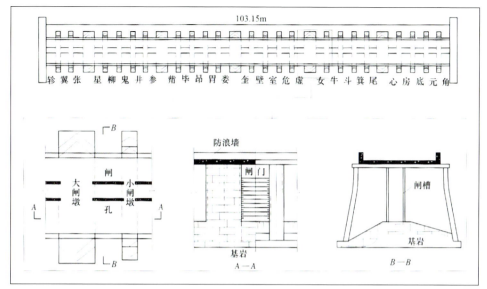

三江闸结构图（《绍兴市水利志》）

水则牌受到闸孔水流的影响，从而能够准确反映内河水系客观水位，为三江闸运行提供定量标准。

二是工程结构科学 三江闸采用传统材料和工艺建造，闸基"其底措石，凿榫于活石上，相与维系"[1]，再灌以生铁，铺以阔厚石板。闸墩、闸墙全部采用千斤以上大条石交错砌筑，"牝牡相衔，胶以灰秫"。墩两端"则刻其首"，以顺水流；每隔五洞置一梭墩，全闸共设大梭墩 5 座、小梭墩 22 座；墩顶覆以长方形石台帽，上承石梁以成路面；墩侧凿有内外闸槽各一道，每洞放置木闸门两道，中筑泥以止其漏。闸底设内外石槛，以承石板。[2]

三是运行机制长效 三江闸建成之后，汤绍恩将绍兴府佑圣观前府河设立的"山会水则碑"移置闸下。万历十二年（1584），知府萧良幹创立三江水则碑。萧良幹以水则碑为依据制定启闭制度："水至金字脚，各洞尽开；至木字脚，开十六洞；至水字脚，开八洞。夏至火字头筑，秋至土字头筑。"[3] 28 孔均配

---

① ［清］程鹤翥：《闸务全书·郡守汤公新建塘闸实迹》，载冯建荣主编《绍兴水利文献丛集》，广陵书社，2014 年，第 25 页。

② 绍兴市地方志编纂委员会编，任桂全总纂：《绍兴市志》卷 31《科学技术》，浙江人民出版社，1996 年，第 1857—1858 页。

③ ［明］萧良幹：《三江闸见行事宜》，载乾隆《绍兴府志》卷十四，清乾隆五十七年（1792）刊本。

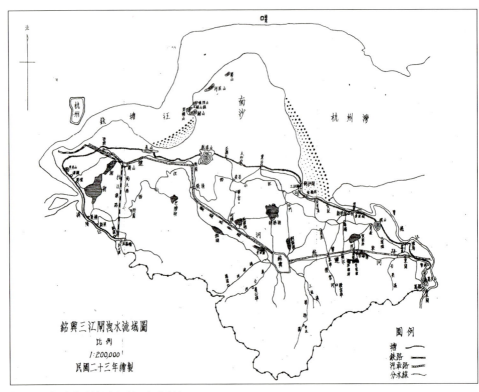

绍兴三江闸泄水流域图（1934年绘制）

以闸夫按规则启闭，"闭闸先下内板，开闸先起外板"。

另外，三江闸每年有专人维护修理。除岁修外，至中华人民共和国成立以前有6次大修，主持大修的时间和负责人分别是：明万历十二年（1584）知府萧良幹、崇祯六年（1633）修撰余煌、清康熙二十一年（1682）福建总督姚启圣、乾隆六十年（1795）尚书茹棻、道光十三年（1833）郡守周仲墀、民国二十一年（1932）浙江省水利局。其中，萧良幹主持三江闸大修后，结合三江闸运行经验，制订出第一个三江闸较完备的管理制度，即《萧公修闸事宜条例》；余煌主持的第二次大修后，订有《余公修闸成规条例》。这两个管理条例在保证三江闸长治久安、正常运行中发挥了重要作用，一直沿用至中华人民共和国成立之初。

斗转星移　守正创新

随着时间推移，三江闸闸外淤沙日积，阻滞宣泄的情况日渐严重。1972年

新三江闸　何正东 / 摄

7月，三江闸出海口淤塞封堵，由此结束了历时430余年的山会平原蓄泄功能。三江闸历史使命的终结，让山会平原的水旱灾害防御形势陡然严峻。

1977年11月，为扭转平原蓄泄能力不足，旱涝灾害频仍的被动局面，新三江闸工程动工建设。在修建土方挖填工程时，绍兴县几乎出动了全县的农村劳力，以区为单位抽调组成"营"，以公社为单位组成"连"，先后分批组织8期完成。1981年6月，新三江闸建成运行，最大泄流量1420立方米/秒，为萧绍平原最大的排涝闸，全闸共分15孔，每孔高4.8米，净宽6米，闸孔总净宽90米。建成后，新三江闸承担起了萧绍平原1582平方千米的排涝任务，发挥了对平原内河水位调蓄的作用，有效缓解了内涝威胁，增强了平原的抗旱能力。

随着围海垦涂不断推进，曹娥江出海口下移，新三江闸的闸下淤积问题日益凸显，1995年至1996年，曾两度出现无法排涝的危急局面。同时，曹娥江河口因缺乏节制闸，钱塘江风暴潮内侵，洪旱频仍。为适应绍兴中心城市由"鉴湖时代"走向"杭州湾时代"发展需要，曹娥江大闸呼之欲出。

2005年12月30日，大闸主体工程正式开工。2008年12月18日，曹娥江大闸28扇闸门落下蓄水，进入试运行阶段。2011年5月，曹娥江大闸枢纽工程竣工验收，总投资12.38亿元，最大过闸流量达11030立方米/秒。

曹娥江大闸　何正东/摄

曹娥江大闸碑亭

　　大闸建成后，曹娥江河口段告别了万古的涌潮历史，开启了崭新的河湖体系，有效提高了曹娥江两岸防潮（洪）和排涝能力，闸上河道防潮（洪）标准提高至百年一遇以上，萧绍平原的排涝标准达到二十年一遇。闸上游形成河道型水库，多年平均可增加年利用水量 6.9 亿立方米。萧绍宁平原连成一体，配合浙东引水工程每年可向宁波、舟山共引水约 16 亿立方米，向曹娥江两岸供水约 2.5 亿立方米，有力保障了浙江经济高质量发展。大闸工程先后荣获鲁班奖、大禹奖、詹天佑奖等奖项，先后获得国家水土保持生态文明工程、国家水利风景区等荣誉。

遗恩不灭　后世生辉

　　如今，历经岁月磨砺的三江闸早已退出治水舞台，但仍发挥着桥梁通行的作用。而以其为核心形成的三江文化成为绍兴水利保护、传承和利用的重点。

　　1963 年 3 月，三江闸被列为浙江省重点文物保护单位。其中有 21 墩、23孔仍为明代原物。2013 年 11 月 30 日至 12 月 1 日，由中国水利学会、中国文物学会主办，中国水利学会水利史研究会、中国文物学会大运河专业委员会、浙江省绍兴市水利局承办的中国大运河水利遗产保护与利用战略论坛在绍兴市

三江闸（1984年） 盛建平/摄

召开。鉴于三江闸在世界土木工程技术史上的重要地位以及重要的文化遗产价值，此次论坛发出《加强绍兴三江闸保护倡议书》，倡议书得到了与会代表的一致响应并送达浙江省文物部门，倡议绍兴三江闸能够尽早列入全国重点文物保护单位，使三江闸及其周边历史环境得到科学、有效的保护。2014年11月4日，绍兴市人民政府办公室印发《三江闸保护利用传承工作方案》，进一步明确了保护范围、原则、重点任务和组织领导。2021年2月，三江闸被列入绍兴市大运河世界文化遗产保护名录。

缵禹之绪 于汤有光

汤绍恩，字汝承，号笃斋，四川安岳县陶海村人。《明史》卷二百八十一记载："绍恩之生也，有峨嵋僧过其门，曰：'他日地有称绍者，将承是儿恩乎？'因名绍恩，字汝承，其后果验。"他在越为守六年，大兴水利，功绩卓著，深受绍兴人民爱戴。相传为解决三江闸修建经费的困难，汤绍恩赴省衙要求拨款，不足部分，不但捐出自己当年三分之二的俸禄，还发动三县人士解囊捐助，对店肆作坊积极出资者，则亲书匾额以赠之。

汤绍恩是名副其实地对绍兴有恩，他修建的三江闸，在绍兴水利和区域发

汤绍恩像（《汤氏族谱》）

展史上具有里程碑意义。绍兴府城开元寺和三江闸旁建有汤公祠，从明代万历年间（1573—1620）起，每年举行春秋祭祀，以感念其建闸治水的功绩。汤公祠内多匾对楹联，其中挂有匾额16块，如"砥柱中流""泉流既清""泽被三江""后事之师"等，另有碑刻20余块。祠今已不存，《捐奉置田添造三江应宿闸每岁闸板铁环碑记》《重修三江闸碑》《重修三江闸记》等珍贵文物，多已移至环城河治水纪念馆。

当然，汤绍恩的丰功也得到了官方的最高赞扬。清康熙四十一年（1702），汤绍恩被敕赐"灵济"封号；雍正三年（1725），又被敕封为"宁江伯"；咸丰元年（1851），又被敕赐"功襄清安"。

回望绍兴水利发展的漫漫长路，从玉山斗门到三江闸、新三江闸，再到如今伫立曹娥江河口的"中国第一河口大闸"——曹娥江大闸，绍兴的大闸从无到有，从有到优，从优到特，让原本地广人稀的斥卤之地成了如今土地膏腴的鱼米之乡，由此可见，用水之利、避水之害，是绍兴水利发展的根本。水闸的更替见证了绍兴不断向前的治水征程，而三江闸的传统与开拓创新的精神也将随着这座城市的发展熠熠闪光、经久弥新。

扁拖闸①

『越中锁钥』老闸桥

筑堤捍海护安澜，筑闸分流保民安

扁拖闸南闸

---

① 参阅绍兴县水利志编纂委员会编《绍兴县水利志》，中华书局，2012年，第203—204页。

扁拖闸为明代水利设施，由南、北二闸组成，位于柯桥区齐贤街道齐贤村五眼闸自然村福寿庵旁。

宋代鉴湖湮废后，浦阳江借道钱清江，明代中期山会平原"一遇淫雨则溪水横流，形成瓮形"，"虽有玉山斗门，不足以泄横流之势"。戴琥任绍兴知府后，为治理山阴、会稽、萧山三县的水患，解民于"潦则苦浸，旱则苦涸，田卒污莱，民号饥溺"之疾苦中，明成化十三年（1477）主持修建北闸，以泄钱清江以北之水。明正德六年（1511），山阴知县张焕主持修建南闸，以泄钱清江以南之水。

北闸有三孔，俗称三眼闸，全长 20 余米，闸面宽在 1.35—1.55 米间。西两孔相连净宽 2.6 米，中墩系条石竖砌，宽 0.65 米；东一孔为条石丁由砌成，孔净宽 3.3 米。在东一孔与西二孔间有 6.2 米之砌石墩台相连。

南闸有五孔，俗称五眼闸，全长 25 米，面宽 4.7 米，其中跨河段长 18.8 米，中立四墩，成五孔梁桥结构。南北两桥台和中间四个桥墩用较大的块石错缝叠砌而成，稳重而厚实，桥墩内侧凿有两道闸槽，是用于闸门上下启动的通轨，桥墩东西两端建筑为伸头三角分水尖，用以分散水流对桥墩的冲击力。桥墩上面铺设多拼石梁石板为桥面，桥面长 20.55 米，净宽 3.9 米。桥面两边置实体石栏，栏高 0.57 米，厚 0.22 米。栏间有望柱，柱高 0.78 米，望柱上部饰置的覆莲，或风化，或断毁。原桥南北置石阶，现均改为水泥斜坡。

1954 年，绍兴县政府曾拨款修理南、北两闸。1958 年，又在南闸旁新建五孔石砌梁桥，以畅泄涝水。扁拖闸结构坚固，建筑风格厚重古朴，历史悠久，历来是马鞍、下方桥等地村民往来的交通要道，更是当年当地排洪泄水的重要水利工程。2002 年 12 月，扁拖闸被列为县级文物保护单位。

曹娥闸图 [明万历十五年（1587）《绍兴府志》刻本]

稽山鉴水话风流

绍兴治江围涂工程

百万民工降涌潮

八月涛声吼地来，头高数丈触山回。

须臾却入海门去，卷起沙堆似雪堆。

[唐] 刘禹锡《浪淘沙·其七》

围涂大战　葛阳生/摄

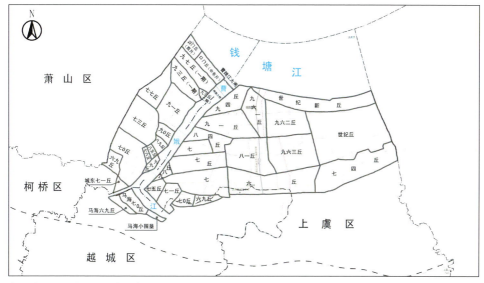

绍兴市治江围涂工程分布示意图

　　"海面雷霆聚，江心瀑布横。巨防连地震，群楫望风迎。"钱塘江自古以来波涛汹涌，沿江居民饱受水患。中华人民共和国成立后，为了缓解人多地少的矛盾，同时抵御沿海台风、洪潮的侵袭，绍兴人民在党的领导下开展治江围涂工程，从20世纪60年代末开始，历经半个世纪，用鲜血和汗水，甚至生命书写了一部气壮山河的千古传奇，围涂34次31丘，新增50.2万亩土地，为绍兴经济社会发展拓展了巨大宝贵空间。

战天斗地　终成"六九"

　　钱塘江、曹娥江和浦阳江三江汇合处，因泥沙淤积，沿海滩涂资源丰富。清末民初，绍兴三江口沿岸已出现不少垦区，植棉、种稻、捕鱼具有一定规模。然而，受钱塘江江道频繁变动的影响，海潮入侵，泥沙淤积，再加上洪水冲击，河床摆动，滩涂多因无御潮堤塘，兴毁无常，曹娥江两岸排涝闸无法正常运行，威胁着百姓的生命财产安全。1968年，绍兴按照"因势利导，以围代坝"方针，结合曹娥江河口段江道治理，开始了绍兴"向海涂进军，向海涂要粮"的围涂战役。

　　1969年1月4日，绍兴县围垦海涂指挥部成立；绍兴县近4万名青壮年劳力，按照军事化编组，会集在距离海涂最近的马鞍、斗门一带，以扁担、土筐、铁耙、农船、木杠、绳索为工具，开始了艰难的围涂。经过半个多月的奋斗，

围涂新技术（土工布充填筑坝）　盛建平／摄

民工靠着肩背杠抬在险地抛石 4000 多立方米，又紧用七八天时间赶在大潮前在姚家埠海塘外筑起一条人工堤坝，围成 6000 亩土地的"六九丘"。1969 年12 月 14 日，上虞县崧厦区围垦海涂指挥部也相继成立。上虞县崧厦区动员 11 个公社近 3 万名民工围涂，在寒风中挑土筑塘决战六九丘围涂，用人海战术在百沥海塘后倪至三汇西大堤筑起一道长 4113 米的大堤，围成 3500 亩的"六九丘"。但由于当时缺乏围涂经验，上虞六九丘后来又经过三次加固，总投工 49 万工。

"六九丘"大规模围涂的成功，增强了两县人民的信心和决心。绍兴县根据海涂淤涨的实际情况，逐渐开始有计划地组织全县劳动力进行大规模人工围涂。1973 年 4 月，绍兴县联合围垦海涂指挥部成立。从 1973 年 10 月 18 日起，全县 34 个公社的 7.2 万名民工用 6 天时间筑堤 7777 米，围成 2.3 万亩的"七三丘"，"七三丘"由此成为中华人民共和国成立后绍兴县围成面积最大的一块涂地。

敢为人先　方得"新城"

20 世纪 80 年代，伴随着绍兴、上虞两县乡镇企业逐步发展，农村劳力紧张，再组织成千上万人集聚海涂围海不仅难度大，而且成本高。1988 年，绍兴、上虞两县开始机械化围涂实验，采取先抛石促坝，后用泥浆泵筑土坝的办法，尝试探索机械围涂技术。绍兴县通过县八九丘 2000 亩、九〇丘 5000 亩两次小面积围涂实践，形成了一整套以泥浆泵充填代替人工筑堤、巨型土工编织袋灌泥、无纺布挡潮防冲材料以及抛坝促淤等为主的综合性围涂新工艺、新材料、新技术。机械围涂技术在绍兴、上虞两县九一丘共 3 万多亩的围涂工程中全面应用，不仅解放了大量劳动力，还一并改季节性突击施工为全年施工，有效地推进了围涂进程，同时也改写了人工挑筑海堤的历史，奏响了绍兴乃至全省机械化围涂的先声，在当时全国围涂工程中居领先地位。

随着机械化专业围垦技术应用，绍兴治江围涂实现了从高滩地围垦向深海造田的转变。2007 年，绍兴口门治江围涂西片工程石坝合龙，标志着绍兴县海涂围垦结束。从 1968 年到 2007 年，绍兴县共围涂 19 次 16 丘（其中六九丘分为县围与马海两丘，七〇丘分为马海与县围两丘，县围九七丘分为口门一与口门二两丘），土地面积增加 15.92 万亩。2017 年，上虞世纪新丘三期工程龙口合龙为上虞海涂围垦工程画上句号。自 1969 年至 2017 年，上虞共 15 次围成 15 丘，土地面积增加 34.28 万亩。

绍兴治江围涂工程，不仅有效治理了钱塘江、曹娥江河口，控制了水患，也向大海要来了土地，给绍兴带来了更大的发展空间，同时对绍兴经济社会发展作出了重要贡献。在绍兴将近半个世纪的治江围涂过程中，绍兴一边进行围涂，一边对已围成的滩涂进行开发利用。仅 1969、1970 年两年，绍兴县共收货粮食 82 万千克，淡水鱼 10 万千克，还有果蔬、油料等一大批经济作物。1998 年、2002 年，上虞精细化工园区、绍兴县滨海工业区相继在围垦区挂牌成立。

2006 年 4 月，绍兴县滨海工业区正式成为省级开发区，也是浙江省首个创建省级生态工业示范园区的开发区。2014 年，滨海工业区入选国家级循环化改造示范试点。2018 年，完成印染企业集聚，与国家级柯桥经济技术开发区合署办公。随着以"绿色高端、世界领先"为目标定位的蓝印时尚小镇日益繁华，滨海工业区已逐渐成为全国最大绿色印染基地、国际纺织品制造中心。

2013 年，上虞精细化工园区升级为国家级杭州湾上虞经济技术开发区；2019 年 1 月，与上虞经济开发区实现整合，整合后规划面积达 175 平方公里；2021 年，实现经济总量 1850 亿元；2022 年，成功创建国家级生态工业示范园区。这标志着一座开放型、科技型、生态型的现代工业新城，作为融入湾区发展的桥头堡，在钱塘江之滨屹然崛起。

滨海新城　钱科/摄

往事可追　岁月光辉

治江围涂是绍兴一段艰苦奋斗、团结拼搏岁月，是数以万计绍兴人民的伟大征程。由于围涂季节要求性强，通常选在潮位较低、农活不紧的冬季，加上高滩围涂筑堤工程量大，施工期短，经常采用人海大战形式。围涂大军食宿荒滩，风餐露宿，手掘肩挑，甚至还要赤脚在冰冷软滑的泥水里艰难跋涉，跌倒了，爬起来，陷进去，拉出来，条件十分艰苦，唯以辛苦一时造福万代为乐。[①]"为有牺牲多壮志，敢教日月换新天。"在这场无硝烟的战争中，有50多人为此献出了宝贵的生命。尤其是1974年8月20日凌晨，受13号强台风和天文大潮夹击，海涂围堤溃决69处，5.3万亩涂地成汪洋。在抢险过程中，48名干部群众

---

① 参阅绍兴市地方志编纂委员会编，任桂全总纂《绍兴市志》卷8《水利》，浙江人民出版社，1996年。

英勇献身。

　　风霜雪雨搏急流，战天斗地洒热血。从 1968 年到 2017 年，半个世纪的治江围涂，绍兴不仅向大海要来了土地，为解决绍兴平原水网地区的泄洪排涝问题起到了积极作用，为绍兴提供了千吨级船舶的出海通道、曹娥江大闸和嘉绍大桥的建设奠定了扎实基础，同时也留下了"尊重科学、艰苦奋斗、团结拼搏、不折不挠"的"围涂精神"。这笔宝贵的精神财富代代相传、历久弥新，不断激励着绍兴水利人科学施策、团结协作、奋勇争先，推进新阶段水利高质量发展。

稽山鉴水话风流

平水江水库

萧绍平原流域最大水库

艅艎何泛泛，空水共悠悠。
阴霞生远岫，阳景逐回流。
蝉噪林愈静，鸟鸣山更幽。
此地动归念，长年悲倦游。

[南朝·梁] 王籍《入若耶溪》

平水江水库　何正东/摄

若耶泛舟　倪晓林／摄

平水江，古称若耶溪。发源于平水镇上嵋岙村龙头岗嵋池，主流全长 26.55 千米，集雨面积 152.42 平方千米，是绍兴稽北丘陵流入绍兴平原的最大溪河。

若耶溪历史悠久，至今平水还留存着相传是欧冶子为越王铸剑留下的上灶、中灶、下灶及日铸岭等地名。《水经注》卷四十记载："若耶溪，水至清照，众山倒影，窥之如画。"据相关史料记载及考证，古越的中心原有二处，其中一处"嶕岘"就是今天柯桥区的平水镇，位置约在若耶溪的源头，即《水经注》中"溪水上承嶕岘麻溪"之说。①

唐朝时期，山水秀丽、文化深厚的若耶溪吸引了当时最杰出的一批文人墨客踏歌而来，吟咏不绝。从独孤及的"万峰苍翠色，双溪清浅流"，李白的"若耶溪旁采莲女，笑隔荷花共人语"，

① 邱志荣：《鉴水流长》，新华出版社，2002年，第118—183页。

平水秋韵 钱科 / 摄

再到杜甫的"若耶溪，云门寺，吾独胡为在泥滓，青鞋布袜从此始"……唐人笔下，这里已成了会稽风光的代表、越中山水的精髓。若耶溪，由此成为浙东唐诗之路的一个重要节点。

然而，作为一条山溪性河流，若耶溪具有源短流急、洪水暴涨暴落的特点，历史上若耶溪水患频仍，给两岸及下游山会平原百姓生产生活造成威胁。嘉泰《会稽志》卷九记载："若耶山好发洪水，树石漂拔。"东汉会稽郡太守马棱曾主持建造回涌湖，用于拦截调蓄若耶溪的洪水，减轻对下游绍兴郡城及平原的冲击。鉴湖建成后，取代了回涌湖"以防若耶溪水暴至"作用。

溯流而上，是一场历史的回望。

中华人民共和国成立后，在党的领导下，为解决绍兴南部山区突出水患等

问题，1958 年 4 月，绍兴县委开始筹划在若耶溪上游建造水库，经近 5 个月的前期准备，平水江水库坝址最终选在乌龟山和驷马山之间动工兴建。在水库修建过程中，全县各行各业的人力、物力、财力集中支援，所有下放干部全部集结到水库施工现场参加劳动，工商界、供销社、医疗队、农业社等各司其职。全县上下充分发扬艰苦奋斗、自力更生的优良传统，勒紧裤带，咬紧牙关，合力攻坚，经过近 6 年的艰苦奋战，克服各种艰难险阻，水库于 1964 年 6 月建成，共完成土石方 77.6 万立方米，混凝土 4056 立方米，投资 542.02 万元。

由于受当时经济和技术条件的限制，经多年运行后水库存在安全隐患，1999 年 12 月进行了除险加固，至 2001 年 12 月竣工。平水江水库除险加固后是一座以防洪为主，结合灌溉、供水、发电等功能的综合利用水利工程，总库

平水江水库建设现场　盛建平／摄

容5457万立方米，正常库容3955万立方米，防洪库容945万立方米，水库控制流域面积70平方千米。水库大坝防洪标准达到百年一遇，下游若耶溪防洪标准达到二十年一遇。

平水江水库是萧绍平原中最大的一座水库，也是柯桥区唯一的中型水库。自建成以来，该水库有效发挥了防洪、灌溉等综合作用，对绍兴城市防洪起到重要的安全阀作用。2016年起，平水江水库被列入饮用水水源地，与汤浦水库联调供水，年供水能力3490万立方米，有效提升了绍兴市区优质水保障能力。

湖水澄明，青峰屏立。这条曾被无数文人墨客吟诵赋文的若耶溪，因平水江水库的建成，又平添了一处水面约3.61平方千米的"耶溪湖"。从诗客泛舟到灌溉防洪，"蝉噪林愈静，鸟鸣山更幽"的诗画意境已被勤劳智慧的越地百姓迭代更新，平水江水库也成了新时期保障绍兴水丰民富的重要资源。

在这里，我们依然能望见林木葱翠，湖阔波清，小岛错落，山水相融。调节拦蓄了汩汩耶溪水的平水江水库，绝不仅仅只是水库，它见证的还有这座城市治水历史的一隅，以及小城背后的春花秋月、村郭酒旗……

汤浦水库简介：

汤浦水库位于上虞区汤浦镇曹娥江支流小舜江上，是一座以供水为主，兼有防洪、灌溉和改善水环境功能的大（2）型水库。水库集雨面积460平方千米，总库容23489万立方米，正常库容18513万立方米，主要由东主坝、西主坝、溢洪道、副坝、输水放空洞等组成，按百年一遇洪水标准设计，两千年一遇洪水标准校核。工程总概算投资96977万元。

为从根本上解决绍虞平原的生产和生活用水问题，促进绍兴经济社会可持续发展，1995年，绍兴市委、市政府决策实施跨流域引水和区域性供水的小舜江工程。1997年12月汤浦水库动工兴建，2000年4月开始下闸蓄水，2001年元旦正式向绍兴、上虞两地供水。2006年6月，汤浦水库供水二期工程全部完工，2007年8月向慈溪等地正式供水。

如今，汤浦水库为绍兴市越城区、柯桥区、上虞区的主要饮用水源，同时跨区域向宁波慈溪市供水，供水总人口超300万，设计最大日供水规模100万吨，年供水规模为2.76亿立方米，是绍虞平原名副其实的"大水缸"。

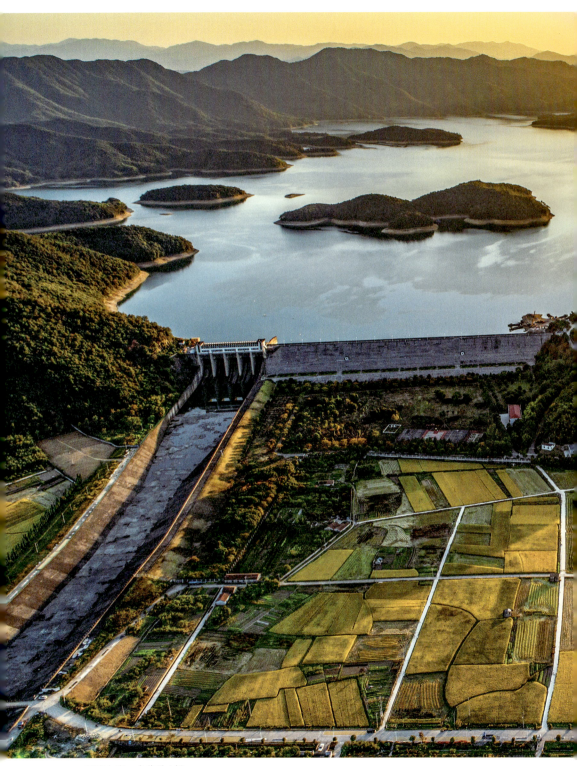

汤浦水库　俞伟勇／摄

曹娥江　[宋]苏洞

月下倾残酒，风前读断碑。
采江那有意，陟岵不无悲。
树影经船疾，滩声到枕迟。
重来更何日，放棹欲何之。

曹娥江，古名舜江，为帝王之江、孝行之江、诗路之江。历史上的曹娥江上游源短流急，吐纳无节，下游涌潮顶托。千百年来，洪水不止，潮灾不停。保护好曹娥江这条伟大的母亲河，自古以来便是越中人民的梦想。中华人民共和国成立后，建水库，造水闸，筑堤防，疏河道等综合措施一环紧扣一环，尤其是曹娥江大闸的建成，使万年潮灾骤然停歇，江面从此清波荡漾，开启了崭新的河湖兴利时代。

曹娥碧水泛清波

浙水遗韵

理水绍兴

曹娥埠水泛清波

南山水库

悠然忽见『南山湖』

鸣桹下东阳，回舟入剡乡。
青山行不尽，绿水去何长。

[唐] 崔颢《舟行入剡》节选

南山水库　谢南华/摄

小火车运土

民工正在用锄挖土、用肩挑土

工程完成 72 米高坝

曹娥碧水泛清波

　　"闻说双溪春尚好,也拟泛轻舟。只恐双溪舴艋舟,载不动许多愁。"这是南宋诗人李清照在双溪江上泛舟留下的脍炙人口的诗篇。如今双溪江东北是嵊州人民的"大水缸"——南山水库的所在地。

　　南山水库,又称南山湖,位于长乐江支流南山江上游的砩前村。库区四周青山绿水,古木参天。历史上有著名的"双溪走虹"美景,例如明代诗人梁所善笔下"溪流远岸来,宛若双虹走。落日含暝烟,光彩映林薮",将夕阳下的双溪美景展现得淋漓尽致。吕规叔曾在此创办鹿门书院,朱熹曾来此讲学,该处是南宋理学的发祥地之一。

　　中华人民共和国成立后,为了解决嵊州旱情和水患,1958 年 6 月 12 日,嵊县成立南山水库建设委员会。6 月 15 日,开工建设。1959 年 1 月,南山水库建设委员会以大公社为单位,成立 20 个兵团,以此实现对 1.17 万民工的军事化组织管理。1959 年 12 月 12 日,南山水库堵口,中共嵊县二届二次代表大会移至南山水库召开,400 多名代表参加堵口典礼并上工地劳动。1960 年 3 月至 5 月,南山水库建设委员会组织当时的 2.4 万名民工,轮班上工,开展抢高大坝"大突击战",以保证安全度汛。当时上坝土石方主要靠肩挑,坝上坝下人山人海,肩挑手拉的运土队伍形似几十条"长龙",从寨岭头到董家十里工地,灯火通明,夜如白昼。①

---

① 嵊州市水利志编纂委员会编:《嵊州市水利志》,浙江大学出版社,2004 年,第 77—78 页。

111

南山湖　谢南华／摄

　　1961 年，大坝筑高到 55 米，泄洪隧洞建成，施工暂停，开始蓄水受益。1965 年 11 月，水库第一期工程通过验收，基本保证了下游灌区的农田旱涝保收。1968 年 3 月，为满足下游日益增长的灌溉用水需求，开始实施大坝加高第二期工程。1976 年，按可能最大降雨保坝，对原设计坝高 70 米的大坝加高 2 米，1980 年完工。至此，工程投工 535 万工，挖填土石 282 万立方米，浇筑混凝土和钢筋混凝土 2.7 万立方米，投资 1050 万元。南山水库的建成，是嵊州人民在异常艰苦的年代里，用整整 21 年时间艰苦奋斗的成果，是嵊州人民用时代精神托起的一座丰碑。

　　2008 年 10 月，为消除病险隐患，南山水库实施除险加固工程。2010 年
4 月下闸蓄水，2011 年 12 月完工。除险加固后，南山水库集雨面积 109.8 平
方千米，总库容 1.008 亿立方米，是一座以灌溉为主，结合防洪、供水、发电
等综合利用的大（2）型水库。大坝为黏土心墙砂壳坝，高 72 米，长 236 米，
坝顶宽 6.5 米，坝顶高程 135.22 米，为省内最高土石坝。按百年一遇洪水设
计，万年一遇洪水校核。水库灌区干渠 4 条，总长 75 千米，支渠 286 条，长
约 300 千米。2008 年 10 月，为消除病险隐患，南山水库实施除险加固工程。
2010 年 4 月下闸蓄水，2011 年 11 月完工，2018 年通过竣工验收。

万顷碧波水，逶迤青山连。如今的南山水库集密林、丽湖、陡岩、怪石、飞瀑、幽潭、秀峰、悬崖于一身，林壑清幽，清水粼粼，成为闻名遐迩的国家级森林公园，八方来客络绎不绝。2001年6月，南山水库被列为饮用水源一级保护区，2002年起成为嵊州市城乡饮用水主供水源。目前水库供水人口40万，年供水量5500万立方米，同时承担着5个乡镇（街道）和122个行政村的8.9万亩农田灌溉任务，成为嵊州人民当之无愧的"大水缸"。

长诏水库

沃洲天姥为眉目

曹娥积水泛清波

天姥连天向天横，势拔五岳掩赤城。
天台四万八千丈，对此欲倒东南倾。
我欲因之梦吴越，一夜飞度镜湖月。
湖月照我影，送我至剡溪。

[唐] 李白《梦游天姥吟留别》节选

长诏水库

沃洲湖　蔡菊萍／摄

　　"东南山水，越为首，剡为面，沃洲、天姥为眉目。"唐代诗人白居易在《沃洲山禅院记》中高度赞美了沃洲山和天姥山。而沃洲山和天姥山之间，有一座大坝巍然壁立，高峡平湖，青山碧水，相映争辉，这就是新昌人民的"大水缸"——长诏水库。

　　长诏水库，又名沃洲湖，位于曹娥江支流新昌江上游的长诏村，北依沃洲山，南临天姥岑。道教经典《云笈七签》以沃洲为第十五福地。非常之境，有非常人居之。东晋高僧帛道猷开山居住，竺道潜创寺东山。书圣王羲之等十八名士在此吟诗作文。白道猷徜徉于修竹平津，白寂然重兴禅院。唐代诗人接踵而来，且歌且行，留下佳作无数，如朱放的"月在沃洲山上，人归剡县溪边"，刘禹锡"一旦扬眉望沃州，自言王谢许同游"，张希复的"洲号惟思沃，山名只记匡"……沃洲湖，也因此成为"浙东唐诗之路"的一个重要节点。

　　历史文化积淀深厚的沃洲湖，也有她的另一面——曾是洪旱灾害频繁交替的高发地。据历史资料记载，1922 年、1940 年、1948 年发生大洪水，造成大量房屋冲毁和作物损坏，以及大量人员伤亡。1967 年、1971 年秋旱，曹娥江流域粮食减产面积 30 万亩，干旱严重地区农作物颗粒无收。中华人民共和国

成立后，为根除新昌江水患，减轻曹娥江中下游洪旱灾害，1972 年 10 月，长诏水库动工兴建，1979 年 3 月封孔蓄水，1982 年 10 月竣工验收。水库集雨面积 276 平方千米，占新昌江流域面积 51.6%，是一座以防洪为主，结合灌溉、发电、供水、旅游等多种功能的大（2）型水库，总库容 1.89 亿立方米，正常库容 1.36 亿立方米，防洪库容 5477 万立方米。大坝采用小骨料混凝土砌石重力坝，高 68 米，长 211 米，坝顶高程 138.16 米。水库按五千年一遇洪水校核，可拦蓄二十年一遇洪水不下泄。

在水库建造过程中，水库建设的民工任务按水库受益面积分配到县，再由县分配到受益地区的公社、大队，来自新昌、嵊州、上虞 3 个县 17 个公社 37 个大队的民工参加了水库建设。民工组织采用军事化组织形式，以县为单位成立大队，大队下设中队，中队下设排，排管理班。同时在民工大队建立党总支，中队建党支部。民工人数最多达 1600 余人，投入 357.51 万工日，其中新昌 77.77 万工日、嵊州 150.62 万工日、上虞 129.12 万工日，完成土方 33.97 万立方米，石方 17.55 万立方米，混凝土砌石 12.98 万立方米，混凝土 15.26 万立方米，工程总投资 2649.91 万元。

经过 30 多年的安全运行，2010 年 1 月，经安全鉴定，长诏水库被认定为二类坝。2011 年 11 月，启动长诏水库加固改造工程前期工作。2013 年底，主体工程基本完工。2014 年 12 月，通过蓄水阶段验收。

如今的沃洲湖，青山明月，风景独特。自建成以来，有效应对了 1985 年、2003 年、2004 年大干旱年和 2020 年冬春连旱，"韦帕""莫拉克""利奇马"等台风影响，灌溉上虞、新昌、嵊州农田面积 44 万亩，年均发电量 1650 万千瓦时，年均供水量 3600 万立方米，承担了新昌城区及澄潭街道、城南乡等区域 120 平方千米 28 万人口的原水供应，供水人口占新昌全县总人口的 60.46%，防洪、灌溉、供水、发电等方面指标均超过设计指标，为流域高质量发展提供了有力的水安全保障。2003 年 10 月，长诏水库被评为国家水利风景区，山水相映生辉，古迹重显璀璨。

巧英水库

碧水东来夺天功

曹娥帮水泛清波

百天无雨保丰收，百里山丘变良田。

——新昌农谚

巧英水库

齐心协力夯实坝基　吕立春／摄

1974年大坝清基　吕立春／摄　　　　　　　1978年水库堵口誓师大会　吕立春／摄

　　如果要寻觅有一处隐匿在青山秀水之间，尽显原生态自然纯朴的世外桃源，那么，巧英水库便是理想的选择。登临坝顶，放眼四望，山光云影，令人沉醉。

　　巧英水库位于黄泽江支流莒根溪上游，坝址所在地为新昌县小将镇巧英湖村。水库总库容2713万立方米，正常库容为2000万立方米，是一座以灌溉为主，结合防洪、供水、发电等功能的、综合利用的中型水库。为何它被称为绍兴的"红旗渠"？这就要从它的建造历史说起。

　　巧英水库灌区所在的新昌北部和西北部，历来为严重缺水地区。1967年与1971年干旱程度较为严重，导致粮食严重减产。1971年6月，为彻底改善这一地区的生产条件，新昌县开始对巧英水库及灌区踏勘、测量、设计等进行规划工作。1973年3月，巧英水库指挥部成立。

　　因为巧英水库属于民办公助性质，所以其施工队伍主要由灌区村民组成。20世纪70年代，在无大型工程机械施工的情况下，勤劳团结的新昌人民，在党员干部的带领下，学习"红旗渠"精神，靠扁担、手拉车等原始工具，同甘苦、齐献策，克服了一个又一个难以想象的困难。1973年4月，首批500名民工到达工地，投入各项建设施工准备工作。1974年7月，水库正式动工兴建。

新昌县巧英水库灌区工程布置图

1978 年 1 月，8000 名民工和数百名机关干部奋战大坝堵口。1978 年春节，新昌县委、县政府主要领导带领机关干部指挥堵口攻坚战，亲自参加筑库劳动，与群众并肩作战。1982 年 6 月，大坝达到设计高度 54 米。工程建设历时 8 年，实际施工 5 年，大坝黏土心墙土上坝实际时间 535 天。1984 年，水库建成运行。1985 年，长近 50 千米的水库配套干渠工程建成通水。2008 年 1 月 12 日，水库除险加固工程动工；2010 年 3 月 3 日，水库恢复蓄水。

库成渠通，换了人间。这片"山背"之地，实现了"百天无雨保丰收，百里山丘变良田"。因此，巧英水库是新昌人民自力更生、艰苦奋斗的见证，是党员干部群众齐心协力、众志成城的丰碑，也是绍兴弥足珍贵的红色遗产。

如今的巧英水库年供水量为 200 多万立方米，水湛如靛，四周青峰屏立，翠竹似海，似璀璨明珠镶嵌群山之中。它不仅承担了下游沃洲镇、羽林街道的 40 个村、3.3 万人口及 150 余家企业提供生活饮用水，同时担负着下游灌区 6 个乡镇街道、80 个行政村的 5.76 万亩农田的灌溉用水和大市聚区块的集镇农村、园区企业等生产生活用水的保障任务，充分发挥了作为新昌县骨干水利枢纽的作用。

红领巾水库

嵊州水利的『红色地标』

千古剡溪水，无穷名利舟。
闲乘雪中兴，惟有一王猷。

［宋］王十朋《剡溪》

红领巾水库

红领巾是少先队员的标志，是少先队组织的重要象征。而在嵊州市崇仁镇，有一座以红领巾命名的水库，这里曾发生过一个感人的红色治水故事。

20 世纪 50 年代，为解决农田因缺水而影响粮食生产的问题，嵊县崇仁、富润、普义、剡北、春联、升高等乡镇联合兴建水库，原名西青水库。听说要建造水库，崇仁区小学的少先队员自发提出助力建设水库的倡议，并得到全区所有小学响应。各小学少先队员利用课余时间在生产队农田捡稻穗，并交给水库建设委员会。据记载，小学生共捐献了 1 吨稻穗。虽然少先队员年龄小，但他们积极主动参与水库建设，多次参加工地劳动，承担力所能及的事情，挖沙、倒水等，鼓舞了水库建设者士气，加快了水库建设进度。嵊县政府为了赞扬少先队员勇于参与、积极奉献的精神，便把西青水库改名为红领巾水库。

红领巾水库位于崇仁江小支流西青坑，崇仁镇西青村边，距嵊州市区西 18 千米。主坝高 16.8 米，坝顶长 200 米，集雨面积 9.66 平方千米，总库容 395 万立方米，正常库容 334 万立方米。水库建设投工 50 万工，完成土石方 35.6 万立方米，混凝土 390 立方米，主体工程由大坝、溢洪道、泄洪闸、输水涵洞组成，是典型的南方丘陵山区水库。灌区由一条干渠，三条支渠组成，灌溉崇仁、甘霖 2 个乡镇 32 个村共 9600 亩农田。库区有养殖水面 525 亩，年产鱼量 15 吨。

红领巾水库为嵊州崇仁镇的经济发展提供了重要保障，为当地经济作出了巨大贡献，获得了诸多荣誉。1958 年荣获浙江省农业社会主义建设先进集体，1959 年荣获全国灌溉管理先进单位等。

红领巾水库在嵊州人民心目中不仅仅是一处嵊州治水史上的典型代表，更是一个时代的缩影，它浓缩了崇仁镇人民勤俭节约、艰苦奋斗、团结协作、无私奉献的历史，具有重要的爱国主义教育意义，是难得的一笔精神财富。

二、堰闸清流

曹娥理水泛清波

清水闸及管理设施

地接湖江通绍台

皇皇三十载，书剑两无成。
山水寻吴越，风尘厌洛京。
扁舟泛湖海，长揖谢公卿。
且乐杯中物，谁论世上名。

［唐］孟浩然《自洛之越》

蒿坝清水闸　王文彪／摄

　　嵩坝位于上虞区曹娥街道，东接曹娥江，西对卧龙山，旧时系曹娥江边上的一段海塘。万历《绍兴府志》载："嵩坝，在十一都，近嵩山。长十丈。"《读史方舆纪要》记嵩坝在"（绍兴）府东南八十里，以近嵩山而名，为台、绍二府必经之道"。嵩坝连接古鉴湖和曹娥江，是唐诗之路从东鉴湖通过嵩坝进入曹娥江的一个重要节点，作为运河的一部分，是杭绍萧通往嵊台温的重要水路交通枢纽。

　　清水闸又称嵩坝清水闸，为曹娥江边重要的水利枢纽，前身是嵩口斗门，另有管理设施，即清代管理用房、现代管理用房，位于今上虞区曹娥街道嵩坝村萧绍海塘末端。据《塘闸汇记》载，清水闸，初为明嘉靖十六年（1537）汤绍恩继三江闸后所建，闸1孔。"藉闸以防江，借闸以通源"[1]，与三江闸成东首北尾。工程作用在于引曹娥江水补充河网水量或用于闸下冲淤，是平原河网沟通曹娥江的重要枢纽，并形成了完整的萧绍平原灌溉排泄体系。后因闸外淤塞而废弃，清光绪年间（1875—1908）重建，闸设3孔，总净宽6.75米。受地形制约，闸外引水道极易阻塞，工程逐渐失去作用。1951年，汛期防洪中封堵闸门。

　　在闸的北面约50米处有清水闸管理房，系清光绪二十五年（1899）建造，旧称"防汛守所"。管理用房为清代合院式建筑，坐西北向东南，由台门、左右厢房及正房组成三合院，为清水闸及堤塘管理的配套设施。新中国成立后又在闸侧建有三间管理用房。历代水利管理设施少有保存至今的，故该处设施弥足珍贵，是研究古代水利管理设施的直接佐证。

　　2011年1月，清水闸及管理设施被列为浙江省文物保护单位；2014年大运河申遗时，清水闸作为代表大运河突出价值的古迹而被列入其中。如今古鉴湖早已湮废，曹娥江入海口向北迁移了数十千米，沧海桑田，原本的水域被各色建筑取代。只有嵩坝清水闸遗址，默默地见证着浙东水运各个历史时期的发展。

---

① 〔民国〕王世裕编：《塘闸汇记》，载冯建荣主编《绍兴水利文献丛集》，广陵书社，2014年，第270页。

上浦闸

上虞水利的『红色生产力』

曹娥碧水泛讯波

东海剡溪畔，山奇隐谢安。
钓得千秋名，台悠指石欢。

佚名《东山钓台》

上浦闸建设现场　王文彪 / 摄

如果说东山代表了上虞的深厚文化底蕴，那么上浦闸枢纽工程则代表了上虞人民的智慧和力量。

历史上的曹娥江两岸，时常洪潮相长，极易坍江溃堤。同时，上虞河网调蓄能力低，一遇暴雨极易内涝，多日不雨又易受旱。历代上虞人民多次尝试引曹娥江水至虞北平原，但大多以失败告终。清咸丰七年（1857），在百官大坝头建广济涵洞，引曹灌溉，但水量不足；民国四年（1915），姚北大旱，余姚乡民聚众鸣锣，强行扒开上虞后郭海塘，引水抗旱；其后，建谭村汲水站和上源闸，以失败告终。[1]

中华人民共和国成立后，上虞为治理水旱灾害，促进工农业生产发展，保障人民生命财产安全，陆续开展了大规模水利建设。1953年，余姚、

① 盛鸿郎：《曹娥江口门大闸与浙东水利一体化》，载绍兴市水利局、绍兴市鉴湖研究会编《绍兴市水利志》，中国水利水电出版社，2021年，第476页。

上浦闸　徐金波、阮军校/摄

上虞抗旱闸建成，设计引水流量 40 立方米 / 秒，平均年引水量 1.5 亿立方米，但引入的咸水及泥沙引发了农田盐碱化及河道淤积；1964 年，又在上游建拗花山翻水站，成本较高；直至 1979 年，上浦引水灌溉工程竣工，引水流量 50 立方米 / 秒，才替代上述工程，使引曹灌溉形成较为稳定的局面。①

上浦闸，位于上虞区上浦镇境内曹娥江干流，是浙东上浦引水灌溉枢纽的主体工程，兼有御咸、蓄水、引区间水和通航等多种功能。上浦闸枢纽工程 1977 年 9 月动工，1979 年 7 月投入试运行。总干渠 1978 年冬开工，1981 年 7 月完工。1983 年 11 月，上浦引水灌溉枢纽工程竣工。2007 年 4 月至 2016 年 8 月，对漫水闸、船闸、过水堰、引水闸进行维修加固。2022 年 2 月，实施上浦闸枢纽工程改造提升工程。枢纽工程由漫水闸、船闸、过水堰、引水闸等几部分组成。漫水闸设 17 孔，

① 盛鸿郎：《曹娥江口门大闸与浙东水利一体化》，载绍兴市水利局、绍兴市鉴湖研究会编《绍兴市水利志》，中国水利水电出版社，2021 年，第 476 页。

水天一色　王文彪 / 摄

单孔净宽 6 米，总净宽 102 米。闸底高程 0.6 米，门顶高程 5.7 米，各孔设提升式翻板门，以台式行车启闭，是当时国内规模最大的灌溉枢纽工程。其中，1984 年被评为"浙江省优质工程"。

上浦闸首次拦截曹娥江，挡咸蓄淡，拦截曹娥江天然径流与长诏水库下泄水量，引水至虞北平原，旱情严重时可向余姚、慈溪境内输水，惠及三地。建成投用后，控制流域面积 4460 平方千米，占干流的 99.4%，极大程度改善了虞北平原农田灌溉面貌，使虞北及四十里河灌区 40 余万亩良田免受旱灾之苦，彻底扭转了上虞"一夜明月要抗旱"的被动局面。同时也解除了灌区居民生活用水的困扰，让沿线理发店告示"天旱，恕不洗头"的尴尬成为历史。

昔日，上浦引水灌溉工程建设时，上虞举全县之力，17 个乡镇（当时称公社）出劳投工，数万民工栉风沐雨，风餐露宿，日夜奋战，铸就了这一大型"红色水利工程"的辉煌。今日，上浦闸传承红色治水精神，坚持"党建 + 治水"，持续发挥"红色引领"作用，积极利用党群服务站、党支部等一线阵地，扎实推进改造提升项目建设，随着曹娥江上浦大桥、上浦船闸等一批重大交通工程竣工，上浦镇积极构建现代化交通网络，从而为上虞经济社会高质量发展不断释放出更多的"红色生产力"。

2010 年，上浦闸被列为县级文物保护单位。

曹娥碧水泛清波

美丽河湖有样板
下管溪古堰古堤

云根奇怪起双峰，惯历风霜几万冬。
春去已无班箨落，雨余唯见碧苔封。
不随众卉生枝节，却笑繁花惹蝶蜂。
借使放梢成翠竹，等闲应得化虬龙。

[明] 王阳明《咏钓台石笋双峰》

下管溪 吴德/摄

蜿蜒管溪，波光粼粼。下管溪位于上虞区东南，处于上虞、余姚交界处，紧靠四明山，是陈溪乡的第一大溪流，全长约7千米，当年王阳明来此游历时，曾提议将溪流名字命名为"龙溪"，因此当地人又称其为龙溪。

下管溪古堰群，位于下管溪上，分布于丁宅乡、下管镇、陈溪乡，由丁宅坝、南潭碶和石笋碶三座古堰组成。最早的建于明朝，至今仍发挥着灌溉功能。

丁宅坝 明万历《上虞县志》中已有记载，位于丁宅乡丁宅村下管溪上。历史上的丁宅坝，屡坍屡修，每年要花几千工，灌溉面积仅700亩。1989年建成混凝土溢流坝，坝长116米，完成土石方1.1万立方米，投工1.3万工，投资5.4万元。集水面积146平方千米，可灌溉农田2200亩。2010年5月实施修复工程，至2011年11月完工，修复工程长98米。

南潭碶 始建于清代宣统年间（1909—1911），位于下管镇兴南村石碶自然村。为东北西南走向，斜列于南北流向的下管溪上。碶底用坚硬的岩石河床为基，1969年改建成浆砌块石碶坝，坝长75米，坝高3米，右边设宽3米筏道1条。南潭碶右端建有一座水闸。南潭碶可帮助灌溉王村与兴南村农田850亩。

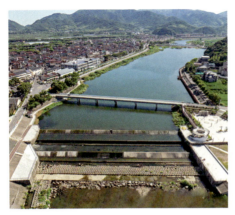

丁宅坝　徐金波、阮军校／摄　　　　　　　　　　　　石笋碑　徐金波、阮军校／摄

石笋碑　始建年代不详，位于陈溪乡陈溪村许天自然村，是陈溪乡许郎岙村堡（现属陈溪村）与黄蟒桥村堡相连的人行路上的交通、水利设施。1949 年以前是以砂砾构筑，后改成浆砌块石坝，现已改建为混凝土低堰，结构为混凝土构筑的硬壳低堰，堰顶设有宽阔的平台，可供人行，是一条水利蓄水兼人行交通之堰，灌溉面积 100 亩。是上虞各条溪流堰坝中的佼佼者。

下管溪古堤埂，最早的建于宋代，位于下管溪两岸，自章镇镇河头村山脚起，到丁宅乡庙湾村止，途径章镇镇、上浦镇、丁宅乡。从下游到上游依次为联江埂、丁宅埂和庙湾埂。

联江埂　始建于宋代，自章镇镇河头村山脚起，沿下管溪向西南至上浦镇浦口村转北沿曹娥江延伸，经郑黄、俞傅、冯家浦、夏家埠至美女山脚，全长 11.14 千米，堤顶高 12.02 米—14.5 米。联江埂由九连埂、戚山埂、冯浦埂、东山埂四埂组成，其中九连埂始建于宋代，而戚山埂、冯浦埂、东山埂均建于民国四年（1915）。2002 年后实施完成标准堤建设，防洪能力达到二十年一遇。

联江埂 徐金波、阮军校 / 摄

丁宅埂 徐金波、阮军校 / 摄

现沿江建有 6 千米的自行车骑行道和游步道，风景秀丽。

丁宅埂 始建于民国十六年（1927），自庙湾汽车站旁起，向西南经上宅、丁宅、后庄到横塘雄鸡山脚，全长 5 千米，堤顶高程 13.5—15.4 米。丁宅埂屡遭水毁，经四次改建：1956 年水毁严重，部分堤段改线重建；1962 年洪水使全线毁坏，上虞县人民委员会以工代赈帮助重建；2008 年至 2010 年，实施标准堤建设，防洪标准达到二十年一遇；近年来，丁宅乡进行丁宅埂维修加固工程，其中北侧已整治 7.89 千米，南侧整治 2.86 千米，保护人口 6500 人、农田 7300 亩。

庙湾埂 始建于民国三十六年（1947），自庙湾村东公路桥头起，向西南沿溪下延，与丁宅埂相距 20 米，大部分堤段处于庙湾村。是曹娥江最大的支流下管溪上的防洪堤坝，长 750 米，堤身高 3 米。2008 年 9 月至 2009 年 10 月，实施标准堤建设。堤防全长 1.21 千米，堤顶高程为 15.19—15.44 米，防洪标准达到二十年一遇，保护庙湾村和农田 150 亩。

下管溪春色　谢小寅/摄

　　青山、秀水、古村落，赋予乡村旅游发展巨大潜力和广阔空间，如今的下管溪正在焕发出新的光彩。景观湖因发挥了蓄水湖的功能，溪上架桥连岛，配套健身设施、休息椅凳等，让以耕读传家闻名的下管又增添了新的韵味，为当地乡村振兴注入了新的活力。2020年、2021年下管溪陈溪段、丁宅段分别成功创建为省级美丽河湖，下管溪已俨然成了一条美丽景观河、生态富民河。

白马湖

朱自清笔下的春日丽和

曹娥碧水泛清波

在春天，不论是晴是雨，
是月夜是黑夜，白马湖好。

［民国］朱自清《白马湖》节选

白马湖　阮佳波／摄

"湖在山的趾边，山在湖的唇边；他俩这样亲密，湖将山全吞下去了。吞的是青的，吐的是绿的……"这是著名散文家朱自清笔下的白马湖，位于上虞区驿亭镇，萧甬铁路驿亭站西南侧。

白马湖始建于汉，为上虞最早开发利用的湖泊之一。据《上虞县五乡水利本末》记载，虞北地区在东汉时已建有白马、上妃两湖，以蓄水灌田。白马湖在夏盖湖之南，周围共四十五里八步，湖三面皆临大山，三十六涧水会于此。建湖之初，边塘多次崩坏，村民以白马祭之，湖始成，因此得名。明万历《上虞县志》载："白马湖……旁有沟闸溉永丰之田四十余顷。"今白马湖湖面自西北向东南呈长条形，面积 81 万平方米，平均水深 1.7 米，最深处 8 米，蓄水量 137 万立方米。三面环山，风景秀丽。元王冕曾作诗《白马湖》：十八里河船不行，江头日日问潮生。未同待诏于金马，却异看花在锦城。万里春风归思好，四更寒雨一灯明。故人湖海襟怀古，能话旧时鸥鹭盟。

然而，白马湖之美又何止是大自然的馈赠呢？湖畔春晖中学的人文美，给白马湖添上了亮丽斑斓的光环。春晖中学，创办于 1922 年，是上虞近代实业家陈春澜为"践予前言"，出资委托乡贤教育家王佐和、民主革命家经亨颐等筹办的。先后有夏丏尊、冯三昧、杨贤江、朱自清、匡互生、丰子恺、王任叔、朱光潜以及何香凝、柳亚子、蔡元培、黄炎培、张闻天、李叔同、叶圣陶、陈望道、吴稚晖等到此执教或讲学。在这里，一大批名师硕彦传播革新思想，践行教育理想；在这里，一大批先贤名家以文会友，雅集湖畔。一代代学子在先贤恩泽下茁壮成长，"北南开，南春晖"之盛名传播久远。

文化积淀愈深，遗泽愈弥久。春晖校园外排列着夏丏尊的"平屋"、朱自清故居、丰子恺的"小杨柳屋"、李叔同的"晚晴山房"，它们似一幅幅老照片，映照出白马湖畔春晖园曾经的辉煌。

覆卮山千年梯田

水土保持树典范

覆盆冤昭雪，卮石冰渍物。
冰刃遗迹曝，川河亮山脊。

佚名《覆卮冰川》

覆卮山千年梯田　张斌/摄

梯田一景　阮关利/摄

　　覆卮山位于上虞区岭南乡，地处上虞区、嵊州市及宁波市余姚区三地交界，山峦起伏，云雾缭绕，山间更有第四纪冰川的遗迹，主峰海拔861米，是上虞区最高峰。因东晋山水诗人谢灵运"登此山饮酒赋诗，饮罢覆卮"而得名，名字中自带诗意。

　　千年古梯田位于覆卮山北坡，主要分布在岭南乡的平山村、东澄村、梁宅村、龙山村，其海拔150—800米，最大坡度达50度，一层层从山脚盘绕到山顶，层层叠叠，高低错落。共23000多块梯田，面积2300多亩。最大的田不过一亩，大多数田都是碎田块，主要种植水稻、西瓜、樱桃、茶叶等。极目远眺，千年梯田从山腰铺泻而下，从山脚叠层而上，构成一幅江南罕见的壮丽图画。每年油菜花开的季节，千年梯田成为浙江省内最佳油菜花欣赏地之一。

　　地处覆卮山之巅的岭南乡东澄村，地域面积7000平方米，有常住户数73户，常住人口215人。上有世纪冰川，下有千年梯田，左有小嘴樱桃，右有万方水库，地理位置得天独厚，自然环境优美，旅游资源极为丰富。山林面积1885亩，耕地面积 308 亩，农作物面积 150 亩。2017 年 12 月 17 日，东澄村获评"2017 中国最美村镇"生态奖。在浙江省第三次全国文物普查中，覆卮山千年梯田被列入名录。

覆卮山除了"千年梯田"景观以外，还有石浪、石路、第四纪冰川遗迹等等。半山腰上，不同形状石块相互堆叠，因望之似涌浪滔天的河流，故称之为"石浪"。汹涌的石浪穿越了几百万年的时光，从远古时代呼啸而来。被誉为"中国冰臼之父"的中国地质科学院研究员韩同林，考证其为第四纪冰川遗迹，距今约 350 万—290 万年前。山上现存 10 余条长短大小不等的石浪，最长的千余米，最宽处 50 余米，垂直落差 300 米。如此壮观的石浪，在低海拔地区十分罕见，堪称世界奇观。

千年梯田是上虞区农田水土保持的典范，是古代劳动人民智慧和汗水的结晶，其独特的景观风貌、丰富的人文内涵，吸引着越来越多的人慕名而来。

三、剡溪清波

孝行碶

山地水利创奇迹

曹娥帮水泛清波

步入东溪路，翘瞻令尹祠。
筑堤前日事，止水后人思。

[明] 黄壁《无题》

孝行碶线路走向

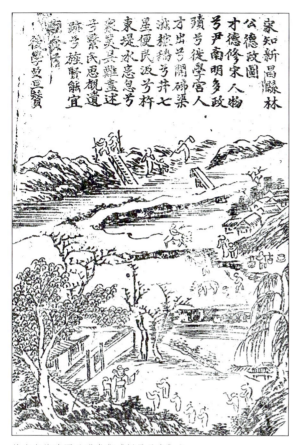

林安宅德政图（明成化《新昌县志》）

新昌江逶迤穿过新昌城区，江水清澈，淙淙而行，是新昌一道美丽的风景线。主城区段的孝行碶，则是新昌县历史上记载最早、受益面积最大的引水灌溉工程，亦称新昌的"都江堰"。民国《新昌县志》赞誉其"为新邑水利所最著者"，《钱塘江志》称之为"曹娥江水系最早之引水堰坝"。

孝行碶，宋绍兴十二年（1142）由知县林安宅倡导开凿。碶自城东虎队岭脚瑚琏潭引水入东洞门，绕南门而西，经渡佛桥、石牛山，流注七星坂，全长10余里，灌田"一万三千余亩"。万历《绍兴府志》记载，明代正德、嘉靖年间，孝行碶"或淤或坏，知县涂相、宋贤相继修之"，然而后来因分水不均，当地群众不肯出力修筑，孝行碶随即崩坍。至明万历三年（1575）岁旱，知县田琯带领百姓修浚孝行碶道，立均水牌一块，并且为民均分碶水。

均水之法历时200余年后，最终积久而废，孝行碶道遂重归壅塞。清嘉庆八年（1803）、道光三十年（1850），知县李品镐、知县孙钦若先后增修孝行碶；民国三十年（1941）2月，新昌县政府出资重修，并成立孝行碶修理委员会。

中华人民共和国成立后，孝行碶多次加固修筑。1962年将碶口引水坝改建为活动堰坝；1981年进行全面改造，延伸渠线至南岩片，扩大灌溉面积3500亩。2004年，在南明坑改造工程的同时，与之相交叉的孝行碶一并改建，改建后的孝行碶上段335米为明渠，渠宽2米、高2米；中段185米为暗涵；下段明渠约长280米，渠宽2米、高2米，与原孝行碶相接。2017年，孝行碶亮化工

孝行碶

程完工并启用，夜间灯火通明，流光溢彩，吸引了众多群众来此漫步游走。

作为新昌宝贵的水利遗产之一，提及孝行碶的历史，我们还需要了解它的开凿者——林安宅。林安宅，福建三山（今福州市）人，宋绍兴十二年（1142）任新昌知县，率民筑东堤，以御水患；浚七星井，以利民饮；凿孝行碶，自虎队岭至西郊七星畈。据万历《绍兴府志》记载："名捍患祠，旧在东堤上。宋绍兴中知县林安宅，宝祐中知县赵时佺俱筑东堤有功，民为立祠。"捍患祠，即止水庙，现位于新昌县南明街道城星村，是民间为纪念林安宅、赵时佺而建。

明嘉靖年间（1522—1566），新昌知县万鹏筑城，将止水庙改迁城内，又称东镇庙；20世纪60年代初，旧庙改建竹编厂；1995年8月，村民择新址重建止水庙，并称"林安宅纪念馆"。21世纪初，林安宅后裔自福州市上街赴庙拜谒认祖，并千里送来"止水庙""林安宅纪念馆"匾。现止水庙保护状况完好，寄托着人民的美好愿望，祈祷国泰民安，风调雨顺。

时至今日，孝行碶这一古老的水利工程依然得到良好保护，其农田灌溉作用已经越来越少，但在城市防洪与排涝过程中依然发挥作用。近年来，通过一系列水系清淤工作，孝行碶的排涝能力得到了提高，水质得到了净化，环境得到了美化。四季轮回，行走在今天的孝行碶上，别有一番滋味。

华堂九曲水圳

书圣后人传遗产

曹娥碧水泛清波

屹峙江边山样装，流觞曲水在其旁。
石松突兀高低地，荷叶参差上下塘。

〔宋〕王琥《无题》

华堂九曲水圳

引水入口

华堂九曲水圳引水路线

金庭华堂，王氏遗风；群山竞秀，溪水诵吟。

走进嵊州市金庭镇华堂村，古朴的民居、典雅的小路，点点滴滴都彰显着这座古村落的历史悠久，文化厚重。而路边的水圳，更为抢眼，从村子东边的平溪江引入，沿着巷道，曲曲折折，时而明渠，时而隐秘成暗渠，在房前屋后蜿蜒奔流，直到最后，流到西边村外的农田里，这便是著名的华堂村九曲水圳。

据传在明朝正德年间（1506—1521），王羲之三十六世孙王琼之妻石氏为便利村民用水，从村外平溪江引入清水，筑起了这条总长 357 米的水圳。后因其水巷迂回，水流曲折，故名"九曲水圳"。水圳分为东西二段：东段平溪江上筑有石碶，拦截溪水并抬高水位，还设置了归水口；西段直线设置，沿着前街南侧并行，于前街更楼西南角分流两路。入口段、中间段和西首露明段的圳深、宽不均。每一弯曲处设立了水埠头，供村民取水洗涤之用。为了村民使用方便，沿圳还设立了 15 个埠头，至今仍然保持着比较完整的历史风貌和使用功能。由暗渠、明沟、埠头、塘、井立体交叉组成的九曲水圳，构成了独立完善的供、排水系统。

水圳建成之初，村里就制定了分时段、分功能的用水公约，例如早上七时之前禁止洗涤，七时之后可以洗菜，任何时段严禁把家禽赶入水圳等，另外有

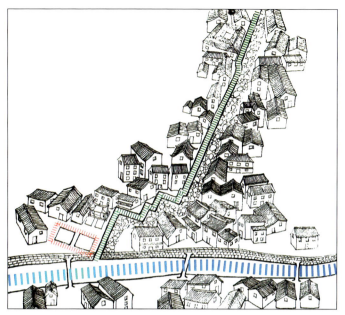

华堂九曲水圳平面分布图

"左邻监督右舍、下游监督上游、下午监督上午"的监督制度。500多年来，九曲水圳承担着华堂村村民饮用、洗涤、排水、泄洪、灌溉、消防等多种功能。村民们严格遵守公约，互相监督，逐渐成为习惯，共同保护着水圳，使水圳水流通畅，水质清澈。

随着自来水进入千家万户，除了饮用水功能被替代之外，水圳依旧发挥着其他功能。暴雨时节，水圳是主要的行洪渠道，而平时村民在屋门口水圳流淌处浣衣洗涤。流水护佑着华堂村的消防安全，流到村外的水流成为灌溉农田水源保证农业生产。村内水圳流过之处道路打扫干净，门庭密集，整体环境维护良好，古村安静祥和。

"得水为上，治水为辅，量水扩容"，古代华堂村人很好地掌握了其精神内涵并付诸实践，精心守护着华堂村的宝贵水利遗产。

曹娥碧水泛清波

石砩万金堤

叠石筑砩降洪魔

当今长乐江，看看也欢喜。
太平通城西，一眼望到底。
南北两条堤，保村护田地。
沙滩变绿洲，纠纷断痕迹。

长乐江民谣

万金堤

万金堤

　　以石遏水曰砩，旱可溉田，利大于塘。嵊州市长乐镇石砩村，大概就因古时以石筑砩而名之。而在石砩村村口，长乐江干流合山江左岸有一道明清时期的防洪石堤——万金堤。

　　据《古刹刘氏宗谱》载，"久之见此乡山川秀丽，风俗敦庞，且离城六十余里，烽烟稍远，筑室定居，是为石砩之始祖"。即明朝洪武年间（1368—1398），村祖先之一的刘彰公携带家人到此地筑屋为家，叠石为砩，防洪水和灌溉农田，以石砩为村名。清乾隆年间（1736—1795）时，又有郭氏迁入石砩村，之后刘、郭成为石砩村两大家族。

　　历史上合山江河床淤高，行洪不畅，以致水患频发，沿江村庄纷纷建堤防以自保。明末清初，石砩村防洪堤初具规模。清乾隆十九年（1754），防洪堤毁于洪水，监生应绚佩、郭君实按亩劝捐，筑石防卫，建成后称"万金堤"。

　　自万金堤建成后，屡有修缮。清乾隆二十九年（1764）再复遭洪水毁堤，太平乡监生应备纲、郭君实按田亩劝捐，用大石叠砌垒成长870米，高5.3米，厚8.3米的长堤。乾隆四十五年（1780），堤防又毁于大水，廪生应绍濂及邢协熙、应乾、郭万年等，复劝捐修，以溪滩巨石垒成。其后又屡毁屡建。民国三十五年（1946）和三十六年（1947），行政院善后救济总署浙江分署和曹娥江水利参事会，先后拨面粉、大米，以工代赈修复。

中华人民共和国成立后，嵊州水利部门拨出专项资金，对堤坝进行了加固修复。为了保持古迹原貌，工程施工人员采用了特殊的灌浆浇固法，保证堤坝坚如磐石。现存堤长 502.5 米，堤分东西两段，东段 89.1 米，堤宽 3.3 米，高 1.48 米，均用自然卵石垒筑，堤顶部用泥土覆盖。西段长 413.4 米，宽 4.94 米，高 3.4 米，堤顶为水泥路面，堤坝脚设置三个鼻脚，用来缓冲洪水的袭击。自辽湾水库建造后，毁堤现象甚少，保护着石砩、黄家宅、沃基、太平、坎流等 5 个村 2000 多户 2000 余亩农田的安全。

曹娥江干流古塘埂

江水奔流泽两岸

鄞江久不到，乘兴偶东游。

涨水崩沙岸，归云抱县楼。

吟余声混混，梳罢发飕飕。

喜见时平象，新丝入市稠。

[宋] 陆游《泊上虞县》

中百保江塘　朱胜钧／摄

国家水利风景区曹娥江城防景区　魏新宇／摄

　　嘉泰《会稽志》卷十记载："曹娥江，在县东南七十·里，源出上虞县，经县界四十里，北入海。"曹娥江，旧时按流经县域分段命名，其中上虞段古称舜江。据《后汉书·列女传》记载，东汉时，因曹娥投江寻父，后人崇其孝而改称曹娥江。从民国开始，自嵊州城区至入海口段统称为曹娥江。曹娥江从嵊州流入上虞后，流经章镇、上浦、曹娥、百官至城区转向西北，穿越整个上虞市区，而后入钱塘江。上虞境内河段长69千米，承担着防洪排涝、水资源保障和交通运输等重要使命。

　　曹娥江干流古塘堰，最早的建于明代，是上虞重要的防洪工程。从上游到下游，具有代表性的，左岸为八社堰、中百保江塘，右岸为江山南穴堰、王公沙塘。

　　八社堰　始建于明代，起自章镇镇浦山头，至复船山，全长9.4千米，保护人口0.96万人、农田1.15万亩。明代末年已建有上沙地堰（石山庙至烂泥湾）、宋家浦堰（烂泥湾至笕桥小山头）。光绪十六年（1890），会稽绅士董金鉴捐资重修。民国十年（1921），筑罗村山至复船山一段。民国三十三年（1944）全线重修，改名为八社堰。1951年，县人民委员会发动群众重修，全堰平均加

高 2 米，此后连续 11 年没有决口。1962 年 9 月，受 14 号台风影响，八社埂在中村、烂泥湾两处决口。1962 年冬，县委、县人委以工代赈帮助群众加高加固，1963 年 9 月洪水导致笕桥村前老埂漏水，随即修复加高。2002 年开始，分三期实施标准堤建设，至 2009 年 10 月完工，防洪标准达到二十年一遇。

江山南穴埂 原名杜浦南穴埂，始建于明代初年，由两段堤埂组成，上段江山埂自梁湖街道横山起，向北到黄泥山；下段南穴埂从狮子山起经过南穴到黄泥山，全长 5.9 千米，保护人口 0.52 万人、农田 3390 亩。1952 年重建大修，1962 年 9 月洪水漫顶决口，1978 年 8 月又有两处决口，随即修复。2008 年 8 月实施标准埂建设，2009 年 10 月完工，防洪标准达到二十年一遇。

王公沙塘 始建于明代，南起百官街道中利村三岔口与百沥海塘交接处，向西北方向延伸，经过内五甲，至吕家埠再与百沥海塘合龙，全长 7.02 千米。初始时，为分丘沙墙；明崇祯年间（1628—1644），太守王朝升督修叶家埭塘及其备塘；清咸丰七年（1857），连仲愚、章三畏等组织沙墙董事会，统一增筑沙墙；民国二十九年（1940），前江金奎元在沙墙外筑一新塘，亦称王公沙塘；

曹娥江 "一江两岸"　朱胜钧/摄

中华人民共和国成立后，原王公沙塘（沙墙）渐废，今存沙塘为民国时期所筑外塘；1949年洪水中，王公沙塘多处崩溃，二线百沥海塘也险些决口；1950年开始，逐年加高加固；1998年11月至1999年8月，对百官中利村三岔口至五甲渡裁湾右堤相接段实施标准海塘建设；2003年12月，王公沙塘列入上虞城防三期工程，2004年8月完工，防洪标准达到百年一遇。同时，建成反映上虞历史上著名的三次名人大聚会的"舜会百官"石雕、"东山雅聚"浮雕、"春晖集贤"铜雕三组大型雕塑，以及《王羲之之上虞帖》碑廊，著名书法家书写的八幅歌咏曹娥江古诗壁雕，展示时代腾飞形象的"娥江彩虹"大型钢廊架等文化景点，成为具有滨江特色的集防洪、文化、运动、生态、休闲、景观等功能于一体的曹娥江城防风景区重要组成部分。2008年9月，曹娥江城防风景区被评为国家水利风景区。

中百保江塘　始建于清代咸丰年间（1851—1861），主要位于曹娥街道。南从曹娥老坝底与萧绍海塘相接处起，向北至铁路大桥转西北，经赵家大桥、大厂、至塘角（光明村）转南，与萧绍海塘相接，全长6.94千米（含铁路桥头高地300米）。始建时，由当地农民围筑老鼠尾巴塘、蜈蚣岭塘、十户丘塘而成。民国年间，中塘、百官农民在外围相继围建大厂、中利沙墙，高1.5米左右。1949年多处溃决，1950年修复后，逐年加高加固。1992年12月开始，分三段进行加高加固工程建设。2006年列入上虞城防四期、五期工程建设，防洪标准达到百年一遇。2014年列入上虞"一江两岸"景观工程建设，建成城市阳台、休闲广场、运动走廊等景观节点，成为群众休闲观光、旅游揽胜、运动健身和文化娱乐的首选之地。

"曹娥江外驿纤长，百曲清溪绕石梁。夏气出山云莽莽，晴烟归壑水浪浪。"古人笔下的曹娥江碧波荡漾，云烟浩渺，如一串璀璨的项链，将本就文化底蕴浓厚的上虞装点得更加秀美。现如今，曹娥江已成为上虞的"主动脉"，"一江两岸"不仅是一种自然地理禀赋，"诗画曹娥江"更是一种地域文化资源的彰显。曹娥江上虞城区段被评为全省首批"美丽河湖"，邵逸夫医院、浙江建设职业技术学院、770余家新文创产业企业纷纷落户，上虞非物质文化遗产展示馆、古运河史料馆、虞舜书画院、娥江书院等文化场馆建成开放，人水和谐、城水相融、水清岸绿、亲水宜居的江南水乡新风貌正徐徐展现，为上虞"品质之城"建设写下浓墨重彩的一笔。

嵊县古城墙

刿县城池民赖之

正怀何谢俯长流，更览余封识嵊州。
树色老依官舍晚，溪声凉傍客衣秋。
南岩气爽横郭郭，天姥云晴拂寺楼。
日暮不堪还上马，蓼花风起路悠悠。

[唐] 赵嘏《发剡中》

嵊县古城南门

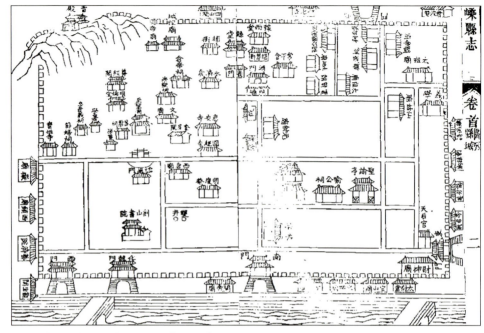

嵊县县城图 [清道光八年（1828）《嵊县志》]

　　"剡溪蕴秀异，欲罢不能忘。"诗圣杜甫笔下描绘的剡溪，风光旖旎，让人流连忘返，而嵊县古城就屹立在剡溪畔。

　　翻阅万历《绍兴府志》中的《嵊县境图》，人们可以看到嵊县古城墙，临剡溪绕山成圈而筑，把城内的街坊、署所、学校、庙寺、塔祠环抱在内，而这一抱就是一千七百余年。因此我们说嵊州古城墙的古老与完壮，是说明嵊州城市发展历史的最佳物证。

　　据记载，嵊县古城墙为三国吴时（222—280）剡令贺齐创建。宋元时期，屡修城池。明洪武初，信国公汤和毁城，移砖石筑临山卫城。现存城墙主体为明嘉靖三十四年（1555）在故址重建，是年倭寇屡犯浙东，知县吴三畏寻原址筑城。1959年，拆除自东门经襟带门、北门至百道岭的城墙，移建于东门外自建设门（新辟）至老东桥头，作防洪墙，与东圃堤相接。

　　自嵊县古城墙修筑以来，多次起到护卫城市的作用。《资治通鉴》称，浙东诸县皆无城，独剡县有城，犹为完壮。如明嘉靖年间（1522—1566），倭患频起，寇两度望城而退。与此同时，嵊县古城墙也是重要的防洪屏障。建立在河谷平原与丘陵交错地区的古嵊县，常受到洪水的侵袭。古城墙北跨鹿胎山，

城區

嵊县城区图（民国《嵊县志》）

曹娥碧水泛清波

南临剡溪（1978年剡溪城关段改道，向南另辟新江，故道改为内湖，即剡湖），其沿江部分兼可防御水患。另外当洪水冲过来时，紧闭城门，并用装满土石的袋子垒起来封住城门口，防止洪水侵入城中，使得城内居民得以安然生活。

1935年，为了方便市民的出入，嵊县在鹿山路东面，穿过城墙，开了一座新城门，即"襟带门"。至1959年之前，嵊县古城墙西起西门（来西门，来自西白山之意）以西的鹿胎山，向东经化龙门、南门（应台门，南应台州之意）；到东门（拱明门，拱迎四明山之意，俗称"老东门"），然后向北转弯呈南北走向，到今北直街三江购物俱乐部附近有北门（望越门，北望越城绍兴之意）；再往北延伸，穿过北直街，沿百道岭，直到和原看守所北面残存的城墙相连接。1959年，伴随城市发展，嵊县拆除自东门经襟带门、北门至百道岭的城墙，移建于东门外自建设门（新辟）至老东桥头，作防洪墙，与东圩堤相接。2003年，嵊县修复文化广场段128米城墙。2005年3月，嵊县古城墙被列为浙江省文物保护单位。

现在的嵊州古城墙全长1169米，因城市交通之需，城墙拦腰开截交通道口，分列为四段，墙体实测残长939.6米。地表墙身高3.13—3.73米，顶部宽4.19—5.41米。断面呈正梯形，墙体外侧条石叠砌，内侧块石垒筑，中填夯土，条石压顶。

如今的嵊县古城墙虽不复昔日雄伟壮丽、气势磅礴，但作为嵊州古城标志性的历史建筑，见证着城市的变迁与发展。

嵊县古城少年门

新昌城墙

古墙防洪今乐园

暝发新昌县，晨临赤土隈。

秋花随地有，渚雁与云来。

杂树炊烟出，前泾山照回。

忽闻歌伐木，行路兴悠哉。

［明］郑善夫《新昌县晓行》

新昌古城墙

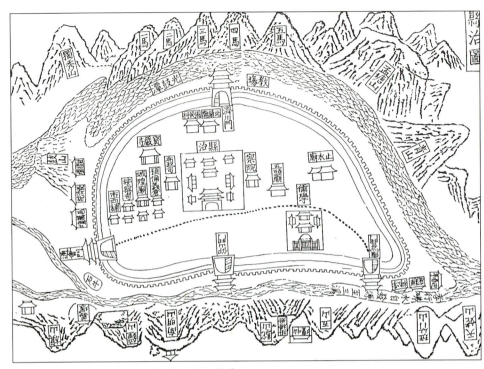

新昌县治图［明万历七年（1579）《新昌县志》］

　　"依几丈城墙，山河无恙；守一方水土，老少皆安。"新昌城墙，位于新昌县南明街道环城东路段，始建于明，后经不断修缮、加固，雄立一方，守护新昌百姓安康，是见证新昌县城历史发展的重要实物。

　　新昌县新昌江系曹娥江支流，向西北斜贯新昌县境中部，横贯新昌县城。由于新昌地处浙闽低山丘陵，毗邻东南沿海，属亚热带气候，春季的梅雨，夏秋的台风雨，降雨时间非常集中。县内大部分地势较为峻陡，汇流时间短，下泄流速大，河源短，上游蓄洪能力低，河道狭窄，河床淤高，导致新昌江极易受到降雨影响，形成洪水，冲击新昌县城。

　　据记载，明朝嘉靖年间(1522—1566)，东南沿海倭寇骚乱，战火延及新昌。明嘉靖三十五年至三十六年（1556—1557），新昌知县万鹏为御倭寇而筑城，开应台、仰山、通会、济川四门，同时实现"御洪水于城外，城民依以安"的作用。之后明万历年间（1573—1620）至清顺治年间（1638—1661），代有修葺完善。

　　中华人民共和国成立后，屡次修建。1968 年和 1974 年，两次拆除大部分城墙。1976 年，县城西门至旧东门筑成高 2 米、宽 1.5 米防洪护城墙。2007 年 5 月至 6 月，新昌县为建设城防二期工程，拆除城北水文站以西城墙 113.72 米。今现存城墙自南明街道环城东路应台门（旧东门）至秀水桥一段，长约 720 米。此段城墙其最上方二层长条石也被卸改它用，原高度有所降低，其余基本不变，现残存 4—5 米，顶宽约 5 米，底宽约 6.8 米，自下而上收分，外侧为规格不等的条石错缝砌筑，内侧为块石垒砌，中填泥土、沙石等。

新昌古城墙迄今已有 460 多年时间，历史悠久，曾在抗倭、防洪等方面发挥重大作用。2006 年，新昌城墙被列为县级文物保护单位；2011 年 1 月，被列为浙江省文物保护单位。今天的新昌城墙不仅是新昌县重要的历史文物，也成为居民散步健身和休闲的乐园。新昌城墙上的每一块古老青砖与墙角几绺坚韧不拔的绿草，岁岁年年，守望着新昌曾经的辉煌，展望光明的前方。

新昌小水电站集萃

农村初级电气化典范

新昌水电好，剡溪清澈秀。
山河巧安排，民富地锦绣。

杨振怀《无题》

东门水电站

门溪水电站

历史上的新昌，煤炭、石油资源缺少，但境内溪江支流纵横密布，河段山高坡陡，河道弯曲落差大，水流湍急，蕴藏着丰富的水力资源。据相关调查，新昌江、澄潭江和黄泽江流域水力资源理论蕴藏量有 7.28 万千瓦，其中可开发总量 6.15 万千瓦。[1]

20 世纪 70 年代，新昌县的小水电建设开始蓬勃发展。1983 年，中共新昌县委、县政府决定建设农村初级电气化县；12 月 12 日，经国务院批准，新昌县被列为全国 100 个农村电气化试点县之一。之后，新昌县利用丰富的水力资源大办小水电，实行一水多用，梯级开发。1987 年 3 月，经中华人民共和国水利电力部批准，新昌成为浙江省第一个实现农村电气化初级阶段的县。其中东门水电站、门溪水电站、沃洲水电站等是浙江省第一个实现农村初级电气化的县电气化县的代表电站。

东门水电站　初建于 1960 年 3 月，几经扩建后，于 1980 年 4 月达到目前规模。电站开发形式为引水式，从新昌江干流中筑堰引入，引水渠长 1.7 千米，设计水头 4.75 米，集水面积 384 平方千米，发电流量 20 立方米 / 秒，装机容

---

[1]　新昌县水利志编纂委员会编：《新昌县水利志》，方志出版社，2014 年。

沃洲水电站

量合计 720 千瓦，并网，输电线路长 0.3 千米。1972 年，机修站发电车间实施扩建，增设 2 组 125 千瓦发电机组。1979 年初，发电车间再度扩建，增设 2 组 160 千瓦发电机组。10 月，原发电车间正式改名为新昌县东门水电站。除发电外，东门水电站还担负着下游孝行碶灌区万余亩农田的灌溉用水任务。2011 年，报废装机容量 75 千瓦的机组 1 台。

门溪水电站　建于 1989 年 11 月。电站开发形式为坝后式。集雨面积 38 平方千米，引水 12 平方千米。以门溪水库为水源，兴利库容 1531 万立方米。设计水头 69.5 米，设计流量 6.64 立方米 / 秒。装机容量合计 3200 千瓦。2015 年 10 月，电站增效扩容，门溪电站机组进行增效扩容后合计为 4000 千瓦。门溪水电站作为左于江上游的龙头电站，如长藤结瓜，惠及下游二十多座梯级电站，在新昌小水电运行中，承担着顶峰发电的"领头雁"作用，为缓解当初的电力紧张发挥了举足轻重的作用。

沃洲水电站　始建于 1991 年 9 月。电站开发形式为引水式，以库容 1948 万立方米的巧英水库为水源。设计水头 65 米，设计流量 3.8 立方米 / 秒。装机容量合计 2000 千瓦。输电线路 35 千伏长 1 千米，接长诏至绍兴市区聚变电所。

棣山水电站　始建于 1981 年 12 月。电站采用先进的虹吸式进水口压力管

棣山水电站

道进水装置，是浙江省最大的虹吸式进水口水电站。电站开发形式为引水式，水头 28 米，发电流量 18.92 立方米 / 秒，装机容量为合计 2×2000 千瓦。2002 年 10 月至 2003 年 3 月完成改造扩容，装机容量合计 4500 千瓦。由于该工程设计合理，质量优秀，于 1984 年被浙江省计划经济委员会评定为优质工程，同年获省优秀设计奖。电站竣工以后，美国、英国、拉丁美洲国家及亚洲、太平洋地区小水电研究培训中心官员和工程技术人员曾先后莅临现场进行考察访问，国内行业团体也曾多次派员实际调查参观。

　　1986 至 1990 年，新昌电力公司连续 5 年被水利电力部和水利部评为全国小水电优秀电网。此后，新昌巩固和加强电气化建设，制定了相应的政策和管理条例。同时采用适时调整电价，社会集资办电，以电养电等办法，鼓励办电。

　　截至 2021 年，新昌现有小水电站 103 座，装机容量 58935 千瓦，其中，88 座小水电站实行自主经营，15 座小水电站实行承包经营，运行 40 年以上小水电站占 50.5%，为新昌经济社会发展做出了卓越贡献。

曹娥碧水泛清波

崇仁供水设施

水润千年崇仁古镇

地著东南势胜常，耕耘务本运筹彰。

青山碧水良能现，陇亩畸田匠意藏。

宋延高《游嵊州崇仁古镇》

后门塘

上方井

蟹眼井

　　崇仁古镇，是一座有着 1700 余年历史的江南水乡古镇。古镇内保留着较为完整的古建筑群，庙宇、祠堂、古戏台、牌坊、池塘、水井等一应俱全，虽历千年，风采依旧，有宋朝遗风、明清特色。在古镇的发展史上，井一直是当地百姓生活、灌溉的主要水源，之后伴随"古井＋池塘"的布局愈发均衡，逐渐形成今天完备、合理的供水设施、消防系统。其中最著名的古井古塘，当数上方井、蟹眼井、东旺井以及后门塘、菱塘，这些均作为"崇仁村建筑群"中的组成部分，于 2006 年 5 月被列为全国重点文物保护单位。

　　上方井　位于嵊州市崇仁镇九十村村北，北镇庙南首。因水井呈长方形，又位于老街的上方向，故称"上方井"。清嘉庆年间（1796—1821）修浚时得一石碑，上镌"吴赤乌二年凿"，因此上方井始建年代为三国时期，是浙江已知开掘最早的古井之一。传说三国吴嘉禾三年至六年（234—237），吴将诸葛恪向丹阳山越人发起进攻，山越人凭借山险，与吴政权对抗。诸葛恪采取长期围困，逼其出山的战略。经过三年战争，山越 10 万人出山降吴。其中 4 万人被补充进军队，其余为郡县编户。各地剿抚山越颇有成效，剡县也有成批山越人下山，军人和山越人到达崇仁后，一起安顿下来。赤乌二年（239），军队在调离崇仁前，为方便山民生活，挖了一口井，就是后来的上方井。如今，井南壁嵌石碑二块，一块刻行书"赤乌二年"字样；另一块为"修井碑记"，碑文行书，大多已风化难辨。

　　蟹眼井　位于嵊州市崇仁镇四五村秀庵北。井口立一石碑，上刻"咸丰六年七月，店业近邻捐建"。井南北长 4.43 米，东西宽 3 米。四周井壁均以卵石砌筑，上施石栏板。相隔 30 米有同样的水井一口，中间隔西镇庙，二井一庙

东旺井

菱塘

形似蟹眼，故称为蟹眼井。

东旺井　位于嵊州市崇仁镇七八村东王路 30 号。根据建筑风格判断为清中期建筑。井口呈圆形，用卵石砌筑，井口施石圈，直径 0.7 米，圈栏高 0.1 米。旁边置水槽 3 只，一只为方形。东旺井井体完整，洗衣石水槽、搁担石等相关用具齐全，真实再现了旧时村民的生活用水情形。此井地势据上游，故其涌溢不竭，水质清澈，当地村民仍作饮用水。

后门塘　位于嵊州市崇仁镇朝北台门北。塘呈方形，鹅卵石垒筑，塘东西长 12 米，南北长 13 米。建于宋代，是旧时崇仁有钱有地位的人士居住的地方，有一句崇仁名句叫"穿靴戴蒂后门塘"，说明后门塘一带居住的多为有钱做官人家。塘水从不干枯，仍保有蓄水灌溉功能。目前，后门塘已成为崇仁镇景点之一。

菱塘　位于嵊州市崇仁镇伟镇庙前，清代建筑，修缮时间不详。方形，用鹅卵石垒坎，东西长 13 米，南北长 37 米。菱塘又称太平菱塘，是村庄的太平塘，为村民储存了大量的生活用水，也为村庄提供消防用水来源，保障了当地居民的生活和安全。整体保护状况较好，为崇仁镇景点之一。

一口口古井古塘，代表着一份份传承，养育了古镇一方儿女，见证了古镇昔日热闹非凡的繁荣景象和悠久历史，是江南民居建筑技术、传统文化与历史记忆的完美结合。崇仁古井古塘似一颗颗散落的玉珠，在漫长的岁月中，或辅以传说、或构建独特，镶嵌在崇仁悠久的历史里。

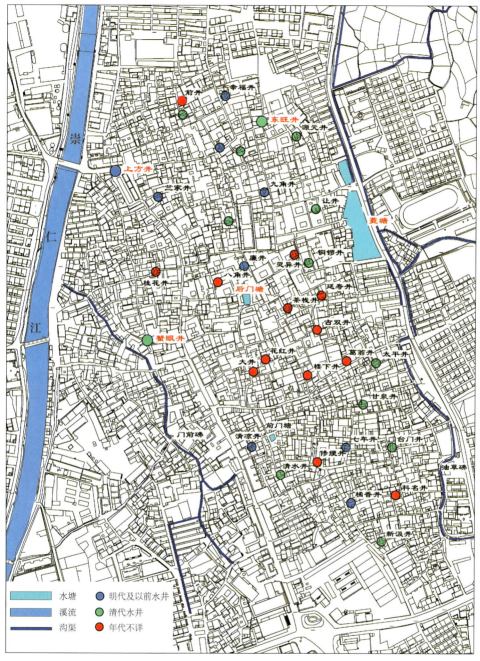

前井　大幸福井
东旺井
源元井
上方井
芒家井
九角井
让井
菱塘
康井
铜锣井
灵异井
桂花井
八角井
延寿井
后门塘
茶栈井
古双井
瞽眼井
花红井
葛翁井　太平井
大井
楼下井
甘泉井
门前礁
前门塘
清家井
七年井　台门井
修缮井
油草礁
清水井
橘香井　科名井
新汲井

	水塘		明代及以前水井
	溪流		清代水井
	沟渠		年代不详

崇仁供水设施示意图（参考《浙江省嵊州市崇仁村建筑群文物保护规划》）

浙水遗韵

理水绍兴

曹娥碧水泛清波

舜井

一座网红文化古井

碧甃磷磷不记年，青萝锁在小山巅。

向来下视千山水，疑是苍梧万里天。

〔唐〕朱庆馀《舜井》

舜井

20世纪80年代舜井　王文彪/摄

上虞，是传说中虞舜的故里，至今依然保存着诸多与之相关的历史遗迹，其中最著名的当属位于今上虞宾馆内的"舜井"。

关于"舜井"的记载，最早可见于北魏郦道元的《水经注》，其中引《晋太康地记》云："舜避丹朱于此，故以名县。百官从之，故县北有百官桥。"又云："舜与诸侯会事讫，因相虞（"虞"通"娱"）乐，故曰上虞。"明万历《绍兴府志》记载："上虞舜井，在百官市舜帝庙北，东西各一。昔湮为二墩。吴越时，钱王镠复浚，得谶记宝物。"相传4000多年前舜帝为了躲避丹朱之乱回故乡上虞，因当地人喝水很难，于是在龙山山脚下寻找水源，看到清泉一直流着，就地挖井，井水清澈且甘冽。为了纪念舜帝，当地人将该井取名为"舜井"。

舜井在众多关于舜帝的历史遗迹中有着重要的地位，与舜帝庙、百官桥并称为虞舜三大古迹之一，是非物质文化遗产"虞舜传说"的重要依附点。现存舜井为20世纪80年代移地重建而来，井壁呈五边形，井圈为八折边的山泉型水井。井圈水泥浇筑，高0.65米，井壁毛石叠砌。井台水泥浇筑，井台东南面立有石碑，高2米，宽0.8米，上阴刻费新我书"舜井"二字。

2006年，舜井被列为县级文物保护单位；2020年，被列入浙江省古井名录。

这口叠印岁月的苍茫和醇厚的"舜井"，也被人誉为"神井"。舜井长年不涸，在自来水还不普及的年代，是老上虞百官人生活的重要水源。时至今日，舜井清泉依旧且四季不枯，周边的居民都会有人来这里担桶提壶取水煮茶。如同其他所有的老井一样，"舜井"经历了绵绵光阴、漫长岁月，井栏边长满了苔藓，是一件活着的文物，安静坐落在城市的一隅。

南洲宋井
古村古风故事长

曹娥碧水泛诗波

朝出新昌邑，青山便不群。
春浓千树合，烟淡一村分。
溪水好拦路，板桥时渡云。
仆夫呼不应，碓响乱纷纷。

［清］袁枚《新昌道中》

南洲宋井

"先有南洲丁，后有新昌城。"南洲村是新昌县小将镇著名的古村落，至今已有 1800 多年的历史。而在南洲村弯弯绕绕的小巷里，隐藏着一口南宋古井，是新昌县境内现存最早的古井之一。井水长流不断，清澈甘凉，至今仍有村民汲饮日用。

南洲宋井，村民俗称为"大井头"。南洲宋井虽历经沧桑，但曾经的古朴精致却依然可见。井栏高 0.35 米，外径 0.7 米，内径 0.5 米。井栏周围现用水泥浇铺，井栏上沿已被村民用刀磨成莲花形状。工程设实体圆形井栏，井壁用块石及卵石共叠。井栏外围有题刻："戊午太岁，宝祐六年□□□丁□□记，三月上旬""大明嘉靖四十年辛酉一月□仲丁碧□记"[1]等，正书楷行，行三五字不等。从这些尚能辨识的文字中判断，此井南宋已凿成，明嘉靖四十年（1561）曾疏浚。井栏边沿上有 8 个曲，沿口凹凸不平，据说是当年刀剑磨砺所致。老井映照的天空，也静静地叙述着南洲村历史。

2002 年，南洲宋井被列为县级文物保护单位。现今，南洲村已通了自来水，"打井汲泉"越来越少，古井变得更加静默，但对新昌县早期村居建设研究具有历史价值。

---

① 井栏外围文字部分磨损，已无法辨认。

冒雨渡浦阳江　　［宋］方凤

痴云千顷压江堧，寂寞篮舆破午烟。

树杪楼台看近郭，渡头波浪忽滔天。

舟依曲港难回楫，径转高陵每得筌。

谁向龙山夸海国，一声铁笛女墙边。

浦阳江，素有"小黄河"之称。古代浦阳江诸暨段河道曲窄，源短流急，洪旱灾害频仍。历代治水，从未停歇。戴琥修筑麻溪坝改道浦阳江，刘光复建立圩长制，撰写"暨邑之治谱"——《经野规略》。中华人民共和国成立后，采取"上蓄、中分、下泄"等综合措施，浦阳江水清河晏，开创了幸福河建设新局面。

浦阳江水变清流

浙水遗韵

理水绍兴

浦阳江水变清流

诸暨桔槔井灌工程

灌溉文明的『活化石』

何赵泉畈人，硬头别项颈，丘田一口井，日日三百桶，夜夜归原洞。

赵家镇民谣

诸暨桔槔井灌工程全景　吴琪均／摄

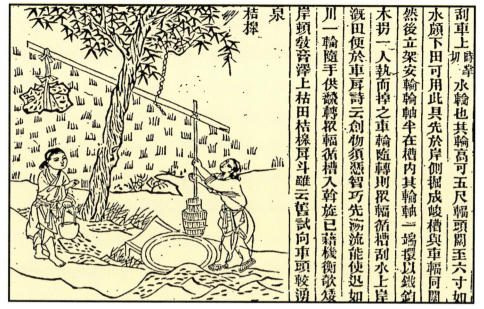

元代《王氏农书》关于"桔槔"的记载

　　元代王祯《农书》引《世本》："尧民凿井而饮。汤旱，伊尹教民田头凿井以溉田，今之桔槔是也。"位于诸暨市赵家镇的桔槔井灌工程，历经数百年沧桑，延续至今，是为古老提水器械的"活化石"。2015年10月，诸暨桔槔井灌工程作为全世界目前仅有的、成规模的、仍在使用的古老灌溉工程，成功入选世界灌溉工程遗产名录。

　　古井蓄水，桔槔汲水，这一传统的农耕方式由来已久。"凿木为机，后重前轻，挈水若抽，数如泆汤，其名为槔"，约公元前300年，《庄子》中就有记载桔槔提取井水灌溉的方式，并称"有械于此，一日浸百畦，用力甚寡而见功多"。秦汉之际，桔槔和井灌随着农业发展很快遍及中国广大农村，直到20世纪初逐渐消失。这让人不禁好奇，诸暨赵家镇的井灌工程因何而起？源起何时？为什么能将这独特的灌溉方式保留至今？

　　黄檀溪，发源于会稽山上谷岭，汇集了山上日夜奔涌的清清醴泉，辗转周折于青山叠翠之间，经泉畈村、花明泉村至赵家，全长6.5千米的溪流汇入枫溪江，再汇入浦阳江，奔向钱塘江。沙田畈、夏湖畈、泉畈等是黄檀溪两岸村民主要的耕作土地，这里地处会稽山走马岗主峰下的冲积小盆地，因盆地以砂壤土为主，素有"水至此多伏流，随地掘洼，即得泉源"之说。但由于土质原

古井桔槔　陈方舟/摄

因，稻田水极易渗漏，往往白天把水灌入稻田，经过一夜渗漏，第二天水田又变成了旱田。于是，村民们在田间挖井，一田一井，利用桔槔以"拗桶"提水灌溉。当地人将这种利用桔槔提水的井称为"拗井"。一口井边一座拗，拗由拗桩、拗横、拗石、拗秤、拗桶组成，利用杠杆原理打水，一桶水提起来省力一半。

　　诸暨桔槔井灌工程始于南宋，盛于明清。诸暨赵氏宗祠内保存的清嘉庆十四年（1809）"兰台古社碑"记载："赵家一带，阡陌纵横，履畈皆黎，有井，岁大旱，里独丰登，则水利之奇也。"《诸暨兰台赵氏宗谱》中亦记载："天旱水枯，家家汲井以溉稻田。旱久则井亦枯，必俟堰水周流，

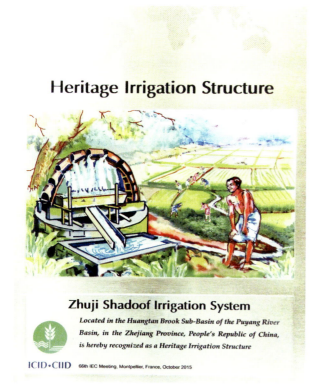

Heritage Irrigation Structure

Zhuji Shadoof Irrigation System

Located in the Huangtan Brook Sub-Basin of the Puyang River Basin, in the Zhejiang Province, People's Republic of China, is hereby recognized as a Heritage Irrigation Structure

ICID·CIID 66th IEC Meeting, Montpellier, France, October 2015

世界灌溉工程遗产奖牌

井方有水。以地皆沙土，上下相通，理势固然。"

据 1993 年《诸暨县志》载，至 1987 年年底时，赵家镇黄檀溪两岸有井 3633 眼，灌溉面积 6600 亩。然而在近 30 余年的城镇化进程中许多古井被填埋，数量剧减至千余眼。至 2015 年，泉畈村作为拗井保存最为集中的区域，还有古井 118 眼，灌溉面积 400 亩。古井形态各异，有的直径两米左右，有的只有一米左右，或大或小，不一而足；有的是八角井，有的是六角井，有圆有方，难得统一。其中泉畈何永根家水井口径 1.7 米，底径 2.2 米，井深 4.4 米，以桔槔拗桶提水，由暗渠灌溉周边 10 亩农田。

数百年来，赵家镇一带留传着一首民谣："何赵泉畈人，硬头别项颈，丘田一口井，日日三百桶，夜夜归原洞。"传统的桔槔提水灌溉仍在延续，诸暨桔槔井灌工程遗产不仅完整保留了传统的工程形式和使用方法，使古老的提水器械和早期灌溉文明形式得以保存，而且因其对地下水循环机理的科学运用、对拗井群的科学规划布置、对古井结构的科学设计，以及简易、有效的管理制度等，桔槔井灌工程还具备了一定的科学价值和文化价值。另外，诸暨桔槔井灌在发展演变过程中与越文化融合，衍生出具有浓厚区域特色的"拗井"文化，特别是通过当地民谣、戏剧等文化形式——呈现。时至今日，当地村民在农耕文化馆里，在田间地头，仍对桔槔这一古老提水灌溉工具情有独钟，让人忍不住要去使用体验。

清新灵动的黄檀溪两岸，古老的桔槔井灌工程作为先民们顺应自然而创造出的智慧遗产，仍然焕发着勃勃生机。古老的坳井点缀在丰饶的田畈之中，桔槔起起落落间提起甘甜的井水滋养着一方水土。申遗成功后，诸暨桔槔井灌工程成为诸暨市联结历史与未来的一张新名片，诸暨人民在保护好遗产的同时，也在积极寻求开发其经济、文化价值的路径，在当地建设美丽河湖、探索水利富民的进程中，致力打造古井古田畈景区、开发独特的农耕文化体验区等，奋力书写诸暨乡村振兴的新篇章。

湖畈水利会

民间自治水利组织

三夜月明来告旱，一声雷动便行舟。

诸暨民谚

诸暨市枫桥西畈水利会巡查枫桥江河道保洁

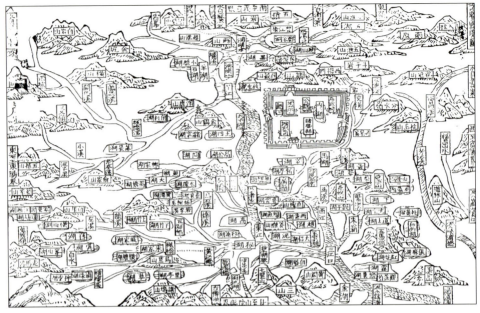

诸暨县境图［明万历十五年（1587）《绍兴府志》刻本］

　　四百年，江河浩渺依然；四百年，斗转星移如常。在诸暨，有一个民间组织，历经四百余年岁月洗礼，传承发展至今，仍在当地发挥着不可取代的治水、管水作用。这就是诸暨乃至全国特有的民间自治水利组织——湖畈水利会。这个由湖民联合组成的区域性群众自治机构，雏形起源于明清，曾是明朝诸暨县令刘光复力推的圩长制，也曾是清末的埂局、闸会，还曾是民国时期的水利公会，中华人民共和国成立后，按照湖畈设立水利会，沿用至今。

　　一个民间组织，缘何有如此强大的生命力延续至今？缘何能整合诸方力量捺堰筑堤？缘何能组织当地百姓抢险救灾？缘何能使得尖锐的涉水矛盾免于争端？且待时光回溯，让岁月娓娓道来。

应时而生：刘公治水驱陈弊①

　　自古以来，浦阳江诸暨段就以河道曲窄、源短流急著称，曾有"七十二湖"分布沿江两岸，以利蓄泄。然而到了宋明两代，人口激增，为了生存，人们竞

---

① 圩长制内容整理自邱志荣、茹静文：《明代浦阳江治水史上的杰出创举——诸暨知县刘光复推动实施河长制》，《紫光阁》2017年第2期。

诸暨县防护水利牌

相围湖争地，导致潴水的"七十二湖"名存实亡，水失其所，水患连年。明万历二十六年（1598）冬，刘光复任诸暨知县，从此走上了艰难的治水之路。

刘光复无数次前往浦阳江勘察沿江地势、水情、埂情、民情，绘制《浣水源流图》并因地制宜提出"怀、捍、摒"治水三法。然而在诸暨治水的实践中，他发现"本县湖田既广，淹没时有，民亦习为故常。怠人事，徼天幸"，且"事无专责，终属推误"。治理水患，仅有科学的治水方法是不够的，落实管理责任才是关键。于是他要求衙中县丞、典史、主簿、印官等主要职官，明确分片包干。在沿江各湖畈，立"编夫法"，各湖畈均编圩，设圩长制，"农隙督筑、水至督救"。

刘光复严格执行圩长制，奖惩分明。据《经野规略·白塔湖埂闸记》记载：万历二十七年（1599），白塔湖告溃，刘光复亲自勘测，发现缺口深不可测，遂大怒，拘拿旧圩长问责，令其将功补过，旧圩长大惧，数日后便组织将缺漏填堵完成。之后，连日降雨、洪水高涨，旁边湖畈马塘埂倒坍受灾，而白塔湖无虞。湖民感受到圩长制的好处，更加重视水利建设，连年丰收。

万历三十一年（1603），刘光复在全县全面推行圩长制。统一制发防护水利牌，明确全县各圩长姓名和管理要求，钉于各湖埂段。这样各湖筑埂、抢险，都有专人负责和明确的制度规定。也由此开创了诸暨管理水利的新局面。

赓续前行：民间自治开新篇

让责任落地，让规矩立好。"圩长制"在刘光复离任乃至明朝灭亡后，并没有退出历史舞台，而是以不同的形式在不同时期为诸暨的水利事业服务。

清代至民国，诸暨防汛组织机构基本沿袭明制，湖畈仍采取分段插牌之成规，由圩长管理。清末江东畈曾一度将圩长制改名为埂局、闸会，各埂段由圩长自

白塔湖　郦以念/摄

行组织岁修与筹集器材，洪涝发生时圩长率田户巡视防救。1945年以后，各乡镇、湖畈，按防洪区域，陆续成立水利公会（1948年改称水利协会）。名称虽有差异，其治水思路仍继承延续刘光复所开创的"圩长制"。如1948年东泌湖首届水利会，为了管好大坝，将全湖分为"仁、义、礼、智、信"五蓬，每蓬设圩长10人，分段维修管理。①

　　1950年后，诸暨实行土地改革，将此前集中于少数地主的土地平分给了广大农民，因此依赖于地主而存在的"圩长制"瓦解了，水利公会改为湖畈水利会，实行湖民自筹资金、自主管理制度，并延续至今。由于湖畈水利会以圩区为单位，一般跨村、跨乡。湖民代表大会每年召开一次，讨论决定本湖畈重大事项，审查财务账目，批准预决算。水利会专管人员由当地政府从本湖畈受益村考察选配，经湖民代表大会讨论批准录用，湖畈水利会主任由湖民代表大会推举产生。因此说，湖畈水利会是治水事业民间自治的勇敢尝试，充分体现了基层民主自治。②

　　2015年诸暨市出台《关于促进水利会转型提升的实施意见》，规范水利会

---

① 20世纪40年代民间治水仍由圩长负责，详见《西泌湖水利志》，1986年，第10页。
② 周杰：《农村水利参与式管理机制研究——以诸暨市水利会为例》，浙江大学硕士学位论文，2017年。

运行机制和专职工作人员管理，明确其工作职责和考核机制，多渠道落实工作经费保障，引导水利会成立具有法人资格的规范性民间组织。用现代社会科学的管理方式，赋能水利会在新时代的全新发展。截至 2020 年，已有白塔湖、西泌湖水利会通过民政部门登记注册成水利管理协会转型升级，白塔湖水利管理协会还是浙江省经民政部门登记的第一个"合法"民间水利协会。有效填补了水利管理中政府必须管，但又管不过来的组织空白。

创新为民："枫桥式"治水续华章

诸暨市目前共有 35 个湖畈水利会，遍布 15 个乡镇街道。湖畈水利会打破行政区域壁垒，以自然水系、流域或共同受益的水利工程为纽带，按堤防闭合圈和防洪区域划分管理范围，在宣传法规、制定规划、工程建设、组织抢险救灾、协调水事纠纷等方面发挥积极作用，有效地避免防洪"一寸不牢，万丈无用"的现象发生。

2022 年，诸暨市作为全国水系连通及水美乡村建设试点县，以枫桥片区为试点对水利会进行了创新发展，探索建立完善"枫桥式"治水"三项制度"，即建设农村河湖管护制度、建设补充防汛应急制度、建设涉水纠纷调解制度，实现提升农村基础水利设施管理水平、缩减水利险情响应时间（30 分钟缩减到

5分钟）、提前介入水事矛盾等，打造"枫桥式"治水新格局。

　　水利会田间地头谋民事，所做的一切都是为了群众，自然也得到群众的积极响应和支持。枫桥西畈水利会得知楼家社区20多年来都没有活水渠道，社区用水成本高，群众用水水质堪忧的情况之后，主动为社区"源头活水"寻找出路，通过查阅资料、实地踏勘确定引水路线。最终水利会将引水预算从25万元缩减到13万元，多名群众参与义务帮助，铺设了一条1000米长引水管道，楼家社区的9个池塘也因活水引入而灵动起来，群众的用水水质得到了改善。这是水利会与当地群众"双向奔赴"的成果。

　　"枫桥式"治水并不是刘光复"圩长制"在新时代的简单复刻，而是将"圩长制"的精髓与"枫桥经验"中"发动和依靠群众"的做法有机融合，让水利会发挥"战斗员、巡查员、监督员、宣传员"的作用。水利会依靠群众，用脚步丈量湖畈，成为制定区域水利规划、实施工程建设的参与者。他们协调区域内的水事纠纷，参与防洪抢险救灾、引潮灌溉，实现水资源的可持续发展，解决一系列涉水民生实事，践行了新时代的"枫桥经验"。

　　回首湖畈水利会400多年来的发展历程，我们看到"圩长制"的责任为先，我们看到水利会为实现民主自治而倡导的规范为要，我们看到"枫桥式"治水模式的法治为重。一个民间自治组织传承400余年仍然生机勃发，都是缘于"为民解忧""为民造福"的初心。400多年来，一脉相承，从未中断，必将再续辉煌。

诸暨湖畈群

浦阳江水变清流

诸暨湖田熟 天下一餐粥

万顷明湖一鉴开，四山云气接蓬莱。
烟波舟楫渔翁集，潮汐帆樯贾客来。
川合瓢溪堤曲折，地连枫市路盘回。
数声横笛风中起，鸥鹭双飞过钓台。

［明］骆象贤《泌浦帆归》

白塔湖晨曦　郦以念／摄

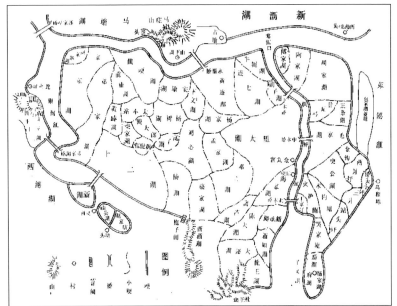
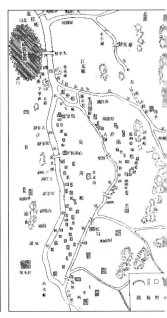

诸暨湖畈分布图（《诸暨民报五周年纪念册》）

　　《水经注·浙江水》载："越王都埤中，在诸暨北界。"几千年前，越人先祖穿越静谧的山丘，来到白塔塔的一汪湖水边定居下来，这里就是埤中，现在诸暨北部的白塔湖所在之地。他们在这三面环山一面临江的湖畈中，"以船为车，以楫为马，往若飘风"，开启了最早有记载的湖畈生活，古越文明也随着白塔湖的浩渺烟波沉淀了下来。

　　据载，古代曾有七十二个潴水湖分布于浦阳江两岸，承接源短流急的曲窄河道之水。随着时间的推移，河流上游夹带大量泥沙进入湖泊，久之淤积甚厚，形成大面积可耕作之地；同时由于人口激增，为了生存，人们竞相围湖垦田。人水之争，进退两难。

苦难辉煌: 湖畈群治水长歌

　　元朝叶永春有《山田诗》："山田高，山田高，山田一旱苗先焦。长绳接塘车戽竭，全无半得空陪劳。农夫涕眶瘦于鬼，黑不见眉白见齿。一家性命田中禾，一身血汗田中水……"一字一句，把诸暨湖畈先民们的苦难岁月描摹得入木三分，山田易旱、湖田易涝就是湖畈苦难的源头，为了让先民们免于苦难，诸暨从此开始了漫长的治水历史。

早在唐天宝元年（742），县令郭密之就在县东筑湖塘灌田。宋淳熙六年（1179），知县李文铸在五泄江筑跨湖堤。嘉定十四年（1221），绍兴知府汪纲赴任后，曾因"湖流既束，水不得去"，乃不徇请托，拆坝还田，上奏朝廷，"湖始复旧"。元天历二年（1329），州同知阿思兰董牙疏浚浦阳江下西江。至正元年（1341），萧山纳筑临浦坝，塞麻溪、开碛堰，江流受阻。至明嘉靖十六年（1537），浦阳江从东流入海改道北注钱塘，从此诸暨为之泛滥。

明朝万历年间，诸暨知县刘光复亲勘沿江各湖，因地制宜，顺水势以疏导，留隙地以调节，组织湖民编圩长夫甲，按田受埂，修筑堤埂以御洪。当时，干支流两岸筑埂围垦的湖畈有117个，围田共22.8万亩，其中开口埂47条。堤埂总长250余千米，同时筑有白塔湖斗门等16座古水闸以泄水。湖畈分为内湖、外湖，外湖临江，内湖洼地称荡田，可以调节水旱，而湖荡多为膏腴之地，生产成本低，如遇旱年，获利较大。故俗有"诸暨湖田熟，天下一餐粥"之说。

自明至清，湖畈代有变迁，部分旧湖悄然消失，若干新湖应运而生。清朝道光年间，南京难民在诸暨山区乞山垦植，致使水土大量流失，淤塞江道，水患加剧。于是在浦阳江干支流捺筑杨柳堰等29条临时堰坝，以拦蓄引水灌溉。1949年前，沿江湖畈堤埂普遍低矮单薄。据载，当时杨蔡畈埂顶高程10.64米，白塔湖、横山湖埂顶高程仅8.94米和8.84米。

中华人民共和国成立后，诸暨按照"上蓄、中分、下泄"的综合治水方略，组织群众开展了大规模的水利建设。先后建成安华、征天等一批大中型水库，湖畈堤防日益加固，洪涝灾害十去其九。1994年后，随着诸暨行政区域调整，城区和集镇规模也随之扩展。其间，部分湖畈已开发成为诸暨城区、中心集镇和工业园区，高湖改建为蓄滞洪区，部分小湖畈也进行了合并，湖畈的性质发生了较大变化。浦阳江干支流通过标准堤建设、浙江省强塘固堤建设，诸暨市浦阳江一期和二期工程治理，湖畈堤防基本达到设防标准。

至2020年，诸暨全市有58个湖畈，分别由32个湖畈水利会管理。其中，江东畈、北庄畈、大侣湖、高湖（蓄滞洪区）等12个湖畈已基本建成诸暨城区、工业区和蓄滞洪区，面积7.38万亩；横山湖、黄潭解放湖等4个湖畈分别建成店口、枫桥集镇和工业区，面积1.56万亩；42个湖畈堤防仍保护农业和村庄，面积19.36万亩。

西泓湖　吴琪钧／摄

湖畈名片：各美其美求大同

随着时代的发展，七十二湖今胜于昔。放眼诸暨，白塔湖、高湖、定荡畈、江东畈、筏畈……有面积万亩以上的大湖畈 11 个。

白塔湖　位于诸暨城北面，东连东泓湖，南接枫桥江大堤，是诸暨最大湖畈，也是浦阳江两岸各湖畈的典型代表。昔日内涝频繁，湖荡相连，水汽蒸腾，方言称"白塔塔一片"，故名。汇四周 72 条溪水，形似枇杷叶，集水面积 63.74 平方千米，防洪堤总长 7.6 千米，防洪标准二十年一遇，由店口镇主管。古时白塔湖就以水患严重著称，曾修有新塘埭、杨九夜成埭；而今白塔湖附近修有排涝涵闸、排涝渠道和电力排涝站等排涝工程。"白塔本云水，龙治三千年。鲧禹随解放，稻麦出湖田。鱼港如蛛网，桑林似锦边。笑餐胖鱼首，美景在明天。"形容的便是"浙中小洞庭"白塔湖。现已升格为国家级生态湿地公园的白塔湖，呈现出"湖中有田、田中有湖、人湖共居"的美妙景象，目前是浙江省最大的自然生态湿地和钱塘江流域保存完好的重要湿地之一。

高湖　位于浦阳江右岸，地势低洼，集水面积 83 平方千米，赵马岭溪、古里、白毛坞、大溪坞诸水汇入，防洪堤总长 8 千米，防洪标准二十年一遇，属浣东街道主管。1952 年择定高湖为滞洪区，诸暨曾经的地标性建筑"三十六洞"（高湖分洪闸）就位于此地。如今高湖蓄滞洪区是浙江省内最大的蓄滞洪区，也是全省唯一一个实施了分级分区隔堤建设的蓄滞洪区，现已实现一区无障碍分洪。2021 年 7 月 26 日，高湖蓄滞洪区 50 余年以来首次分洪。

西泓湖　位于山下湖镇，东北以枫桥江为界，隔江为东泓湖、新沥湖，南

东泌湖　吴琪钧／摄

接枫桥杜黄山、茅山岗，西至峨嵋山脚，北同白塔湖隔江相对，集水面积 34.5 平方千米，防洪堤总长 8.52 千米，防洪标准二十年一遇，主管单位为山下湖镇。山下湖人民在恶劣的生存环境和贫困落后的生活条件下，坚韧地与水抗争，除害兴利。1994 年以来，先后实施标准堤建设和内湖渠系改造，建立省级现代农业园区 1 个，建成珍珠养殖基地近万亩。如今"山下湖珍珠"区域品牌价值达560 亿元，世界珍珠大会会址落户山下湖镇。

东泌湖　地跨诸暨店口、山下湖和枫桥 3 镇，在枫桥江以东，与西泌湖隔江而望，故得名"东泌湖"，集水面积 36.5 平方千米，主管单位为店口镇。东泌湖蓄水量大，自古就是湖畈之地，既是天然粮仓，也是洪涝常发之地。历史上，这里一雨即洪，十年九涝。1994 年开始，当地政府集中力量进行标准堤建设，东泌湖已建成二十年一遇标准防洪堤 6.91 千米。如今村民们依托东泌湖从事养殖产业，共同致富，东泌湖已然成为取之不尽的财富源泉。

大侣湖　位于诸暨城区东西浦阳江之间，呈环形闭合圈，防洪堤防总长18.82 千米，防洪标准五十年一遇，其中，自茅渚埠桥至东江石子横埂，防洪堤长 9 千米，从茅渚埠至西江大侣湖电排站，防洪堤长 9.82 千米，主管单位为暨阳街道。湖内主要靠东西两江的讨饭堰、王家堰抬高水位，引水补给水源。历史上有上下湖筑埂分湖之争，其因皆为上半湖在引堰水时失控，造成下半湖旱中有涝。东江电站、赵家村段截直整理工程、标准堤建设及巩固加高工程等一系列水利工程的实施解决了旱涝问题。后伴随诸暨城区扩展，大侣湖已基本建设成诸暨城区。

定荡畈　吴琪钧／摄

　　定荡畈　位于诸暨市区南部，东为洪浦江，从王劳军经千秋桥至西闸，防洪堤长 10.35 千米，防洪标准二十年一遇；西为浦阳江，从山下周经善成桥至潘家渡西闸，防洪堤长 14.55 千米，防洪标准二十年一遇。分上下两畈，东以洪浦江堰头庵，西以浦阳江耕下庄为界，上畈为牌头镇，下畈为暨南街道所辖。1994 年至 1999 年，定荡畈进行现代农业园区建设等，疏浚渠道 11 千米，衬砌渠道 38.5 千米。2014 年，新建定荡畈电排站，排涝面积 9.46 平方千米。

　　连七湖　南以大侣湖渔橹山为界，北与下四湖相连，东、西两面为东、西浦阳江，集水面积 13.3 平方千米，湖内水田 1.34 万亩，主管单位为姚江镇。连七湖防洪堤总长 18.29 千米，其中东浦阳江从石子横埂至陈潘长 8.35 千米，西浦阳江从秧地至甲塘长 9.94 千米，防洪标准二十年一遇。

　　朱公湖　位于诸暨市区北面姚江镇，西北部靠坑（杭）坞山麓，东南部临浦阳江，受马鞍山、白马山诸水，湖内河渠纵横，地势低洼，集水面积 35 平方千米，主管单位为姚江镇。湖内有 8.2 千米浙赣铁路自北至南穿越过境，全程受堤防保护。朱公湖防洪堤总长 12.3 千米，防洪标准二十年一遇。

　　筏畈　位于市区陶朱街道，东临五泄江，西以筏畈渠道为界，南北为丘陵地，地势西高东低，原系 10 湖 1 畈合并而成。筏畈因塘少溪小，全畈易涝易旱，先后修建筏畈渠道，自南至北，涝水经新亭闸排入浦阳江，修建筏畈电排站等提高排涝能力。筏畈防洪堤总长 7106 米，起自水磨村，终于筏畈电排，防洪标准五十年一遇。

　　下四湖　位于境内北部平原地区，南与连七湖相接，北以癞头山为界，同

江东畈　吴琪钧/摄

湄池黄潭湖相连，东邻东浦阳江和枫桥江，西临西浦阳江，湖内有 12 个行政村，面积 8.14 平方千米，主管单位为姚江镇。下四湖防洪堤总长 10.5 千米，东从陈潘村至白垾，长 7.3 千米，西从甲塘至下四湖电排长 3.2 千米，防洪标准为二十年一遇。

江东畈　位于开化江和浦阳江汇合后的东面，面积 35.4 平方千米，江东畈西部属暨阳街道主管、东部属浣东街道主管。古代江东畈为一天然沼泽地，是洪水调节之所。清乾隆三十七年（1772）始筑百丈埂，嘉庆二十三年（1818）永丰闸建成后，结束了长期自然滞洪状态，至嘉庆末期，始成今日之江东畈。江东畈所属堤防全长 2.05 千米，防洪堤防洪标准达到五十年一遇。

诸暨湖畈群历经岁月变迁，早已作别连年灾害的痛楚，旧貌换新颜，呈现不一样的风情。有的船行其中、波光云影、鸢鸟纷飞；有的大小湖泊、星罗棋布，风光秀美；有的清澈见底、鱼戏涟漪、自得其乐。人们在此安居乐业，承受湖畈得天独厚的滋养。

浦阳江水变清流

征天水库

艰辛修建心系民

知山知水方能治山治水；
爱国爱民斯可为国为民。

征天水库始终亭楹联

征天水库 吴新军／摄

绿水淙淙的孝泉江畔，葱茏连绵的群山之间，一座宏伟的大坝静静伫立于斯，这就是建于 20 世纪 50 年代的征天水库。

水祸患则万民苦，水利兴则百业旺，自古如斯，诸暨亦然。"十里干溪两边黄，十亩田地九亩荒"，至今仍在孝泉江一带流传着的民谣揭示出这里旱灾频发的历史，当地百姓饱受其苦，却无力根治这一灾情。时至 1958 年，夏秋两季，久旱不雨，早稻严重歉收，晚稻也无法下种，严重的灾情让政府及水利部门下定决心，必须兴建水库来战胜旱灾。1958 年 10 月，枫桥地区原 6 个乡镇 40 多个村采用边勘测、边设计、边施工的方法，开始联合集资兴建征天水库，并于 1960 年 6 月基本建成。

征天水库位于诸暨市枫桥镇旺妙村，是一座以灌溉为主，结合防洪、供水、发电等综合功能于一身的中型水库。2008 年进行除险加固，2012 年通过竣工验收。水库集雨面积 18.45 平方千米（其中跨流域引水面积 5.05 平方千米），正常库容 866 万立方米，总库容 1119 万立方米。枢纽工程由拦河大坝、开敞式溢洪道、倪家沿节制闸、发电输水隧洞、跨流域引水隧洞和电站等建筑物组成。

征天水库的成功建设与一个人分不开，那就是全国劳动模范、水利专家——梁焕木。时任水库管委会主任的梁焕木，全身心扑在水库建设上。为缓解水库经费紧张的局面，他带头将自己的工资纳入水库收入，统一分配；为了稳定人心，他全力动员妻儿到水库安家，每天和工人们同吃同住。"群众的需要，就是我们的志愿。"这是梁焕木一生坚守的信念，他始终认为，群众的利益至高无上，是他一切工作的出发点。经过三年多的艰辛努力，水库基本建成。"知山知水方能治山治水；爱国爱民斯可为国为民"，这副镌刻在大坝光禹园始终亭内的楹联，用寥寥数字提炼出以梁焕木为代表的征天人对水利事业的态度和作为。

征天水库的建设正值中国三年严重经济困难时期。征天之名，寄托了当时人们征天斗地的勇敢和气魄。征天水库从兴建之日起，就凝聚起令人荡气回肠的"征天精神"，即自力更生、艰苦奋斗、团结务实、开拓创新。水库建设没用国家一分投资款，却完成了当时看似不可能完成的任务，是全省第一个"蓄、引、提结合，旱、洪、涝兼治"的中型水利工程。

1994 年，征天水库获评绍兴市首批德育教育基地；2008 年，获评诸暨市

梁焕木

优秀爱国主义教育基地。在水库大坝的下方，古朴典雅的梁焕木纪念馆里，记录了梁焕木为诸暨水利事业奋斗的一生。纪念馆大厅里，半身高的梁焕木铜像立于堂内，目光坚定，默默凝视着这片他一生守护的热土。近年来，这里吸引了无数慕名而来的市民，他们怀着崇敬之情，前来追寻历史，感受前辈们自力更生、艰苦奋斗、团结务实、开拓创新的精神品质。

这座始建于 20 世纪 50 年代的水库，见证了一代人的艰辛与拼搏。在那个一穷二白的年代里，征天人从水库兴建到保坝，再到除险加固，克服一个又一个困难，解决一个又一个难题，矢志不渝，砥砺前行，由征天精神激发出的治水力量让诸暨水利事业改天换地。近年来，随着"五水共治"的深入推进和"美丽河湖"的全面建设，征天水库更以一种重新出发的姿态，传承老一辈征天人的奋斗精神，继续润泽一方、守护一方。

湖阳江水变清流

高湖中分工程

当代治水谱新篇

碧波荡漾一湾中，水浴秋阳染浪红。
谁说银河灿星火，高湖尽胜紫霞宫。

成诚《览高湖滞洪水库有感》

高湖分洪闸

高湖湿地　吴琪钧/摄

　　"三夜月照来告旱，一声雷动路行船"，诸暨当地的这句俗语，充分说明了诸暨水患的严重与紧急。据相关记载，从 1034 年到 1949 年的 915 年中，诸暨共发大洪水 84 次，县城进水 13 次，旱灾 33 次。为了治理频频发生的水患，高湖中分工程应际而生。该工程现位于诸暨市浣东街道高湖畈，是浦阳江流域"上蓄、中分、下泄"防洪体系中的"中分"工程，是确保浦阳江流域防洪体系发挥重要作用的关键节点。

前世：老三十六洞因洪而生

　　这样的变迁因何而起？那要从 1950 年 6 月 24 日的洪水说起。当时诸暨城区北庄畈决堤，一片汪洋，诸暨火车站、浙赣铁路被淹，无奈停车 7 天，事件震动了国内外。这场突如其来的洪水让分洪工程的上马变得迫在眉睫，经多方考证、全面勘察，高湖分洪闸初见雏形。当时进水坝有 3 个孔，每个孔宽 32 米，属于半控制性工程，分洪时要临时开挖土坝。1953 年，水利部部长傅作义和苏联水利专家布可夫到诸暨视察时提出，改建进水坝闸门，变半控制性为全控制性工程，从而确保分洪的精准与安全。

　　说改就改。1954 年 2 月，工程开工。为赶在汛期前完工，施工人员加班加点，于当年 5 月 4 日提前竣工。3 孔增加到 36 孔，每孔 3 米，"三十六洞"由此得名。恰巧梅汛提前，不到一个星期，"三十六洞"就经历了洪水的严峻考验，

分别于 5 月 9 日、26 日，6 月 16 日、18 日 4 次开闸分洪。"三十六洞"宛如一条巨龙横亘于洪水前，浙赣铁路交通安全了，两岸洪涝威胁化解了，惊心动魄的分洪场景刻在了诸暨人心里，"三十六洞"也成了诸暨的地标性建筑。

移位：新三十六洞移之不易

自 1954 年至 1962 年，"三十六洞"共进行了 7 次成功分洪，为确保浙赣线行车、浦阳江下游 50 万亩农田和人民生命财产安全发挥了重要作用。然而，这一建于 20 世纪 50 年代的水利工程，存在着先天缺陷，即分洪能力不足，分洪代价不断递增，制约城市发展，这也成为老"三十六洞"的硬伤。这些先天不足，也预示着老"三十六洞"终将慢慢退出历史舞台。

三十六洞的移位，从 20 世纪 70 年代提出设想到真正实施跨越了近二十年，遭遇了重重困难。1988 年，老"三十六洞"改造面临抉择，在"原址扩孔改造"和"在双江潭增建分洪闸"两个主流方案中徘徊犹豫，暂时搁置。1993 年，经过专家不断地论证，最终通过了分洪闸移位改建的决定。1995 年，分洪闸移位改建工程完成。

诸暨老百姓依旧按几十年的习惯，叫它新"三十六洞"。作为高湖蓄滞洪区的枢纽，新建的分洪闸位于诸暨东江双江潭，共设 14 孔，每孔净宽 6 米。设计分洪流量 1160 立方米 / 秒，比老"三十六洞"增大近一倍，哪怕遇到五十

高湖分洪闸开闸分洪

年一遇的洪水，也不用担心流量不足。分洪闸移位后，分洪水流可以直接进入蓄滞洪区，分洪更及时、有效。同时，分洪闸的移位，使诸暨的城市发展，从原先受困于龙门山与浦阳江之间狭长的带状地带，获得了"越江东进"的条件，为今天的江东新城打下了基础。

新生：分洪惠民终圆梦

移位后的高湖分洪闸为城市发展作出贡献，但也面临新的困局。诸暨城市"越江东进"后快速发展，高湖蓄滞洪区从乡村逐渐转变为城郊，分洪成本不断增加，不敢轻易分洪成了"新三十六洞"的最大心病。2011年6月16日，诸暨遭遇特大洪水袭击，墨城湖、解放湖两处堤坝决堤，诸多村庄与厂房被淹，损失惨重。改造高湖蓄滞洪区的设想，再次变得现实和紧迫。

2017年，高湖蓄滞洪区改建工程正式启动。项目计划总投资102亿元，将在2.2万亩高湖滞洪区内围堤16.7千米建一个湖泊，蓄水区面积约7000亩，为诸暨的"小西湖"。2021年7月22日至28日，受"烟花"台风影响，诸暨市平均雨量359.2毫米，5个乡镇、7个站点台风过程雨量均超历史极值。浦阳江流域首次出现同一场洪水中枫桥站和湄池站水位均超历史极值。7月26日9时，高湖蓄滞洪区50余年以来首次分洪。短短13个小时里，530万立方米洪水被滞纳在滞洪区内。高湖蓄滞洪区作为目前浙江省内最大的蓄滞洪区，也是全省唯一一个实施了分级分区隔堤建设的蓄滞洪区，此次开闸泄洪，是高湖滞洪区改造工程在 2020 年完成主体工程后的"首秀"，有效减轻了浦阳江两岸城镇和农田的洪灾损失，也成为诸暨水利史上重要的一天。

在诸暨老百姓的记忆里，三十六洞是一个永恒的存在，如今繁华的城市广场，前身就是维系诸暨防洪抗洪命脉的分洪闸所在地，眼下热闹非凡的江东一带都是曾经的蓄滞洪区。高湖蓄滞洪区改造不仅给诸暨带来巨大的水利价值，而且让诸暨城变得更美更宜居了。从"老三十六洞"到高湖蓄滞洪区改造工程，个中的曲折与坎坷值得被永远铭记：老"三十六洞"记录了"人水争斗"的历史，惊心动魄；新"三十六洞"呈现了"人水博弈"的艰难，百转千回；高湖蓄滞洪区改造工程描绘了"人水和谐"的蓝图，众望所归。

浦阳江水变清流

翁家埭闸

捺堰技艺『记录者』

翁氏堰者，吾翁族赖以资生也。……
是堰之筑捺，吾族性命系之，即国家血脉
贯之也。

《翁氏堰记并堰规十则》节选

翁家埭全貌　邹剑锋／摄

翁家埂闸局部　邹剑锋／摄

堰、埂、闸三者，是诸暨历史上治理浦阳江等流域水患的主要水利工程。在诸暨，能将这三者合而为一的当属翁家堰、翁家埂和翁家埂闸。

据《暨阳蕙渚翁氏宗谱·文集》所载，元末蕙渚处士"筑堤灌荫及数千百家"，而后经历代翁氏先民挑泥护埂，逐渐形成今翁家埂"虚与逶迤，绵延数千米"之规模。地利人和，成就了这一带的先天优势，即使是大旱之岁，或洪涝之年，此地总是旱涝保收。

翁家埂闸，始建于元至正九年（1349）。翁家埂闸原长23米，高1.2米，宽0.85米，闸底高程11.72米，底盖及墙身全用条石，用掺有糯米、桐油的石灰浆砌而成。早时周边尚有朱氏、毛氏两个姓。百丈埂围合后，朱姓于元至正九年（1349）始建朱家闸。后朱氏、毛氏渐次衰亡。至清初，翁氏一支从翁家埂迁居于此并发族成村，尔后朱家闸几经重修后更名翁家埂闸。

1951年，翁家埂闸重修。其时因开化江外江主道淤浅，江防逐年加高加宽，故修筑时特将引外江水之闸孔加接11米，闸底抬高0.5米。至1978年，由于农田水利基础设施的不断改进，该闸承担的灌溉面积相应缩减，则再次将进水口改小，目前存高0.4米，宽0.57米。在外江进水闸口横卧的青石条上，有阴刻"大元至正九年造，大清宣统二年翁伦敦堂重修"等字，年代久远，字迹隐约可见。

翁家埂闸为江东畈乃至诸暨市现存最古老的一座埂底进水涵闸。在过去缺乏电力排灌设施，全依赖自然降水的年代里，每遇干旱之年，先人便合全族之力，外加陈村、马岭下、徐家汇、小燕窠等周围受益各村等民众的力量，在堰基头等处垒筑翁家埂堰以缓解旱情。而大闸距离堰基头仅200米许，截住江流后，江水便通过堰坑经此入畈，连同百丈埂上段楼家埂的牛胴肱闸、陈村埂的源来旺闸，灌溉水田面积近 3000 亩，下游之下袁、张村、陈村等畈亦可得益，故是该闸有扼守同乐畈水利咽喉之说。

清朝乾隆年间（1736—1796），翁氏宗族制定有《翁氏堰记并堰规十则》，其中还详细记录了捻堰这一消逝的水利工程技艺。在暨阳街道同乐下村翁家埂自然村的翁氏祠堂中，《暨阳翁氏宗谱》至今一直保留着《翁氏堰记并堰规十则》，其中详细介绍了捻堰的必要性，从前期选址、组织劳力和物资、筑捻实施乃至后续管理一一详细道来，完整地记录了这一水利传统技艺的实施细节。细细读来，不禁感慨翁氏一族捻堰技艺的设计精妙、管理缜密，能够传承至今实在难得。

翁家埂闸历经近 700 年风雨，基本保存完好，如今的灌溉功能已被同乐电灌站及埂底直通涵管所替代，此闸仅为补充分流之用。虽然古老的仅凭几块青石筑就的翁家埂闸和机埠、水泵等现代引水灌溉工具相比，显得简陋而又渺小，但通过这座闸体现出的翁氏先人因地制宜、捻堰灌溉的水利技艺与管理思想，却在数百年间造福了当地百姓，值得当代水利治理与管理者借鉴与思考。

草塔暗堰

民间治水借神功

浦阳江水变清流

　　草塔暗堰位于诸暨市五泄江大唐街道（原草塔镇），是古代劳动人民在长期的生产实践中，依据当地地理条件，设计创建的一种特殊灌溉设施——暗堰。

　　根据当地宗谱中开渠引水、修筑暗堰的记载，草塔暗堰始建于明代，为明朝安庆知府诸暨人杨

草塔暗堰　邹剑锋／摄

肇泰为改善家乡用水条件而修筑。

暗堰工程隐藏于河床下，结构设计按照溪江流向，为灌溉便利，在河流平坦的浅岩层选择最佳位置斜截河床，根据篾笼灌石导水的原理，在不透水层上垒成堰坎，其上覆盖条石并以砂石还原河床，将溪水与周边地下水渗入暗渠，引水至所需地区。

暗渠穿五泄江堤连接暗堰涵洞，埋藏于农田底下，并一直横向延伸，修筑方式如同主堰。首先，在地面开挖宽 1 米左右的深沟，然后在深沟内堆砌卵石，上面盖上石板，在石板上覆盖原土。其次，在适当位置设置斜叉分支暗渠，形成支、斗、毛树枝状。根据灌溉和生活需要，逐开明渠或开一个出水口，沿暗渠设计方井、水塘供农民用水车或桔槔提水灌溉以及村民生活用水。此类暗堰如"长藤结瓜"形状，形成一个个地下水库，将众多地下水源汇集起来，故用之不竭。

为解决灌溉和日常生活用水，古时五泄江草塔镇境内，有大小暗堰 10 多条。历经 400 多年，如今的暗堰大部分已废，但史家堰仍在使用。

史家堰位于五泄江五泉庵自然村，为暗渠出口，是明渠进水段的分水堰。为解决用水纠纷，史家堰灌区由乡民自行制定了一条切实可行的用水制度，并在史家堰明渠段，根据下游灌溉面积的需水量设计了一条分水堰，其形状如齿耙，又名齿耙堰。4 条分水堰按各部尺寸分为：宽 0.6 米 2 条，0.3 米 2 条，深均为 0.3 米。当水需要进入灌区时，可将某条分水隔离带截断，让水进入灌区渠道，将可供水量进行自然分配，减少了管理人员和用水纠纷。

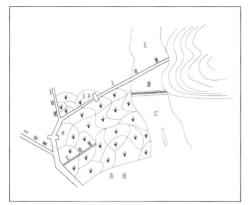

草塔暗堰主支渠分布示意图

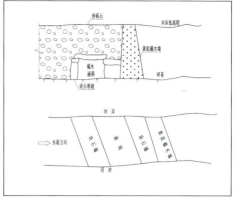

草塔暗堰示意图

　　草塔暗堰设计科学、施工精良、管理先进、效益显著而持久。一是避免山溪暴涨洪水冲垮拦水堰坝体，同时不影响河道两岸堤防防洪；二是施工方便简单，可就地取材，节省投资；三是多方向拦截地下水资源，发挥灌溉效益，提高渠系水利用系数；四是减少渠面水污染，可供沿途村庄居民生活用水；五是维护成本低，使用寿命长，节省土地；六是管理方便，操作简单，纠纷少，实用有效。在浙江省以至全国的古代灌溉工程中实属少见，对于研究明代诸暨堰渠水利工程具有重要价值。

汩汩江水变洁流

石壁堰

老当益壮焕新春

东南西三乡，地势高仰，无陂池大泽以蓄水，溪涧直泻，涸可立待，利用"溉"，于是乎筑堰。

［清］光绪《诸暨县志·水利》节选

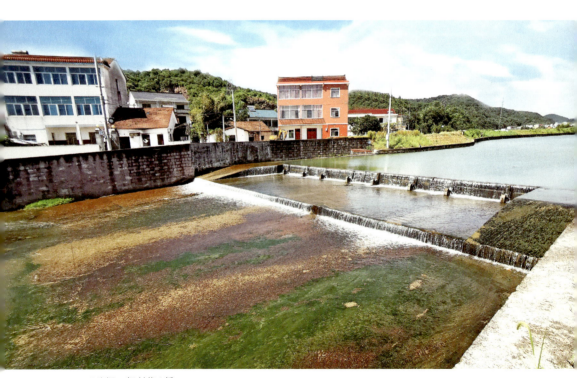

石壁堰 邹剑锋／摄

堰，古代主要的引水灌溉设施，也是山区半山区居民生活用水的主要来源。其主体多以块石堆砌或篾笼灌石砌筑而成。临时性砂石堰，枯水捺筑，大水被冲，冲毁再捺，时筑时废。伴随着时代的变迁，许多古堰已重新设计、修筑，整饬一新，迭经数百年，仍巍然屹立，继续发挥造福于民的巨大效益。

诸暨境内，堰始于何时，史无确载。最早见清雍正《浙江通志》载诸暨有堰坝29条。清光绪《诸暨县志》列名堰坝共30条，并云："考各溪之堰，不止此数"。其中较早的有枫桥石壁堰，又名青龙堰，位于枫桥镇孝泉江梅苑村段太平桥东200米，是诸暨重要的堰坝水利工程。建于明永乐年间（1403—1424），清康熙二十三年（1684）重建。

石壁堰为枫桥人陈爾所筑。陈爾何许人也？浙东著名学者陈策之孙、"慕椿先生"陈玭之幼子。他是宅埠陈氏第八世，自号"养源公"。宗谱《养源公传》中写道："东畈田高，常无水，公相势于王舍桥，筑大小二堰，引流灌溉，乡人沐其泽者不少。"这里的"东畈"即青龙畈，"王舍桥"即黄沙桥，横跨孝泉江。陈爾根据地势落差，在那里筑了大小两道堰，引干溪、全堂溪两路之水，灌溉青龙畈437亩粮田，后扩大至整个东大畈3000余亩粮田。通过修筑石壁堰，解决了家族的吃饭问题，还解决了当地百姓的吃饭问题。正所谓"功在当代，利在千秋"，后世不能遗忘。陈爾自号养源公，这个号非常形象地把他修堰灌溉、泽被后世的功德体现出来了。

2013年，石壁堰在原址拆除重建，现为混凝土砂浆浇筑堰体。石壁堰现为混凝土砂浆浇筑堰体，堰长26米，宽20米，高1米，灌溉渔稼畈、青龙畈3300余亩农田。石壁堰历经600年仍在造福当地百姓，后人没有忘记陈爾的功德，更要将这份功德传承下去。

浦阳江水变清流

诸暨城墙遗址

临江倚山御洪寇

游过天下八百州，不如陶朱山下一夯头。

诸暨民谣

明代诸暨城墙　邹剑锋／摄

诸暨县城图（清光绪《诸暨县志》）

　　诸暨是浙江省最古老的县之一。秦王嬴政二十五年（前222）设立会稽郡，并于郡中置诸暨县，历代未废。古老的城池历经2000多年的时光流转、世事变迁，如今已更替为高楼林立、车水马龙的现代化都市。

　　城墙，一座古城的轮廓，某种意义上代表着城市的"相貌"。在诸暨城中美丽的浦阳江畔，浣纱中路太平桥与西施桥之间，一段始建于明代的城墙遗址依然提醒着人们，这里曾经有一座古城。古城过去的风姿已无人知晓，只能从一块块渍痕斑驳的砖石里，探寻往日城池的辉煌，听它们默默讲述往昔的故事。

　　旧城筑于何年无考。据南宋嘉泰《会稽志》记载："县城周二里四十八步，高一丈六尺，厚一丈。唐开元中，县令罗元开建东、北门，天宝中县令郭密之建西、南门；天祐初，吴越武肃王遣将王永再建。"可见在唐朝时诸暨已建有东南西北四门，古城轮廓初现。元至正十九年（1359），明兵取诸暨州，将军胡大海筑州城，左浣江，右长山，围九里三十步，为门者五：东迎恩，南迎薰，北朝京，西西施，而水门不名。至此，四道城门有了各自的名字。嘉靖三十四年（1555），知县林富春带头组织修城，县城四角有四门：东曰"禹封玉帛"，南曰"勾乘云物"，西曰"蠡湖烟月"，北曰"概浦桑麻"，城墙临浣江一面另设有上、中、下三水门，与江边的埠头相通。此后400年间多有修复，但未改变原城的格局。

古城临江而盘，依山而踞，借助山水地利优势，做好固若金汤、御敌防卫的准备。可见诸暨古城建城之始就倚重浦阳江及周边山体作为天然屏障，而后来城市的发展也与这条江结下不解之缘。

随着时代变迁，诸暨城墙的作用逐渐减弱进而消失。1937年，日军入侵上海，国民党恐原城"反资敌用"，于是拆毁城墙。因城墙东南临江，实为防洪之江堤，民众请求免拆而幸存，仅残留沿江东门至南门长约400多米的一段城墙，作为抵御洪水泛滥的屏障。20世纪60年代至20世纪70年代，上、中、下水门已无城门，仅余城墙洞。再后来，上、下水门也被拆除，仅剩下中水门茕茕孑立，成为诸暨古城墙的唯一留存。1984年文物普查时，曾发现在中水门与上水门之间居中处旧城上砌石刻一块，上镌"丙辰年造……"字样，由此可推断城墙为明初之遗物，与史志记载年代相符。

1989年下半年，诸暨为拓宽街道路面，营建滨江公园，遂拆除所剩城墙，仅留下现在所存的一段约30米的遗址。这30米是宝贵的30米，是浦阳江成为诸暨城天然防御屏障的见证，是诸暨古城新旧更替的见证：城门临江方向有外凸城墙。条石错缝叠砌，上筑城堞。水门拱券，纵横分节并列砌筑。城门外口各有两道石质闸槽。这两道闸槽就是中水门防洪抗洪的证物。

岁月悠悠，光阴不待。诸暨城墙已放下所有防备，坦然洞开城门，在周遭的都市喧嚣里默然伫立。它像一方古印，在历史的长卷里固守一方天地。等待有一天，从这里开启诸暨城崭新的篇章。

神秘精巧见智慧

华国公别墅阴阳井

教同化雨绵绵远，泉似文澜汩汩来。

华国公别墅廊柱楹联

华国公别墅　邹剑锋/摄

阴井　邹剑锋/摄

　　穿过浙中东白山层层叠叠的山峦，在东阳、诸暨、嵊州三地交界处，狭长的上林溪蜿蜒在山林之间，最终汇入东白湖。唐宋至今的千余年来，全国"斯"姓最大聚居地——斯宅村，就坐落于此。

　　斯宅村因明清古民居而盛名在外，2001年6月，斯氏古民居建筑群被列为全国重点文物保护单位。其中代表性的建筑有千柱屋、下新屋和华国公别墅，都是在清代建造的，到今天已经有200多年的历史，规模庞大，精美绝伦。

　　华国公别墅建于清道光年间（1821—1851），是斯氏后人追念先祖（字华国）而设的家庙兼学塾的建筑。从这里走出了众多卓有建树的学子，如古生物学家斯行健、教育家斯霞、历史学家斯维至等，可谓人才辈出、群星璀璨。

　　在华国公别墅中厅两侧耳房后檐小天井内，各有方井一口，四周砌筑石栏板。两井相距十余米，一高一低，均为长方形状。当地村民习惯称其为"阴阳井"。左边深挖，名为"阴井"，用以生活用水；右边高于地面，名为"阳井"，用于防火用水。在当地人口中，这两口井甚为奇特：其一是水池用青石所砌，不用粘合物；其二是不管四季、不管旱涝，阳井、阴井池水水面分别保持池沿0.05米、0.5米处，不干不溢。两口井相距十余米，水平面却不同。2004年，华国公别墅大修时，维修人员尝试将两口泉之水抽干，未见其果，

阳井 邹剑锋／摄

而在第二天早上，两泉之水又恢复到原来的水位，令人啧啧称奇。

阴阳井遥相呼应，和而不同，体现了古代匠人对井的奇妙设计，也呈现了井的不同功用，古人的用水智慧在此可见一斑。阴阳井因坐落在古宅，故而留存至今，而今井畔已是青苔累累，关于井的故事仍然历久弥新。每个造访过古宅、亲近过阴阳井的游人都会惊叹它的神奇。

井水平和，如一面镜子，倒映着粉墙黛瓦，倒映着每个在此勤学苦读的学童身影，传递着宁静致远的意境。井水不语，不为人闻，与世无争，却默默讲述着斯宅人乃至中国人历代信奉的理念：族聚家兴、同堂嗣茂、诗书传家、耕读有为。阴阳井已然成为这座百年古宅的点睛之笔，见证了斯宅村重教兴学的历史和耕读传家的传统。

七绝·纪念鲁迅八十寿辰·其二　毛泽东

鉴湖越台名士乡，忧忡为国痛断肠。

剑南歌接秋风吟，一例氤氲入诗囊。

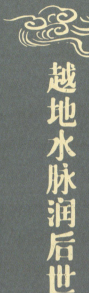

越地水脉润后世

　　绍兴是我国历史上地方文献最丰富的地方之一，有地方志鼻祖的《越绝书》，有书法艺术登峰造极的《兰亭集序》等等，同时还拥有1400余种水利文献，其中方志类146种、游记类284种、水利类140多种，更有碑记、人物文献等不计其数。中华人民共和国成立后，绍兴着手系统整理归纳以《三江闸务全书》《上虞县五乡水利本末》等为代表的水利文献，采取必要的保护措施，以便后人借鉴。

越地水脉润后世

《三江闸务全书》及其续刻①

记三江水利　绪时代篇章

《三江闸务全书》及其续刻，记载了明清两代三江闸修建和管理的主要过程。

《三江闸务全书》 又名《闸务全书》由清代程鹤翥编著，成书于康熙四十一年（1702），共两卷，约 5 万字。康熙二十一年（1682）三江闸历史上第 3 次大修，就是赖姚启圣独捐俸银 6000 余两而得以完成的。程鹤翥为本次修闸司事者之一，故书内所记多为第一手资料，真实可信。

卷首有《三江塘闸内地暨外海口两沙嘴》新、旧二图，对比反映了三江闸建成后 100 余年四周水路地形的变化，虽不成比例，但方位正确，脉络清楚，并配有文字说明。上卷主要记载明嘉靖十五至十六年（1536—1537）汤绍恩建闸实迹，以及明万历十二年（1584）萧良幹、明崇祯六年（1633）余煌、清康熙二十一年（1682）姚启圣主持的三次大修与管理、修理成规等。下卷主要有论述成规的《核实》《管见》等，及一批与三江闸有关的水利著述，其中不少系程氏自撰。另外，下卷最后部分还以一定篇幅记述了程鹤翥等人为争取清廷赐封汤绍恩谥号所作的努力，从一个侧面反映了历史上治水功臣在人民心中影响之深远。

---

① 参阅裘甲民《＜三江闸务全书＞及其续刻》，《中国水利》1988 年第 8 期，第 37—38 页。

《三江闸务全书》

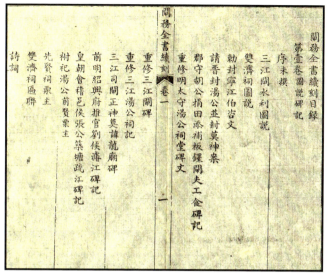

《闸务全书续刻》

其中《郡守汤公新建塘闸实迹》记载的巨石安装和多措施截流等施工技术，《萧公大闸事宜条例》记载制订的大闸启闭和水资源调度等管理规则，后人评价其"代表了中国传统水利工程建筑科技和管理的最高水平"。

《闸务全书续刻》 由清代平衡编著，成书于道光、咸丰年间（1821—1861），共四卷，约 4.5 万字。以主要篇幅记述了三江闸历史上第四、第五次大修的全过程。编著者平衡，在晚年担任了明清期间三江闸最后一次大修施工的主要司事者，故资料亦真实可信。

卷一《图说碑记》，收集了自《三江闸务全书》成书以后一个多世纪中涉及三江闸的各类碑记、诗文。碑记中不少为有关大闸维修管理的规章条例，有一定史料价值。卷二《修闸便览》，记载三江闸大修施工规范，分《泄水》《筑坝》《分修》等诸节。卷三《修闸补遗》，主要对前卷不及之事作补述，如对大闸结构，均分孔一一记述孔径尺寸、闸墙层次、闸板数量等，并介绍了部分绍兴历代治水功臣。卷四《修闸事宜》，收集了平衡于本次修闸之初提出的 22 条施工意见，其内容诚如编著者于《修闸事宜自序》中所述："均按照历届成法，参及时彦所议，足供后来采择。"由于这些条款系平衡对照比较前几次修闸的成败得失后归纳而成，故确有一定的参考使用价值。

《三江闸务全书》除康熙手抄本外，付梓版本有康熙蠡城漱玉斋和咸丰介眉堂两种刊本。后者包括《闸务全书续刻》在内，一套 4 本。2014 年，绍兴市水利局、绍兴图书馆、绍兴市鉴湖研究会等组织相关专家，编印出版了《绍兴水利文献丛集》，其中收录有《闸务全书》《闸务全书续刻》。此书辑成，为绍兴水利、文史整理出版增添经典要籍，也可谓"于汤有光"。

《闸务全书三刻》　由邱志荣、赵任飞主编，2018 年由广陵书社出版。共 44 万字，分总述、策论、海塘、闸务、关联闸、浚淤、水道、水文（包括流域、河流、水系）机构、经费、人文等十三大类，不但有水利工程专著，还有相关的地理、历史、民俗、诗歌、家谱等文献，内容十分丰富，可以窥见水文化于绍兴社会经济的影响和作用。

《塘闸汇记》

明代至民国时期的『萧绍海塘志』

《塘闸汇记》，由民国时期王世裕辑录，绍兴县修志委员会刊行，汇录于民国《绍兴县志资料（第一辑）》第十二册，是一部辑录民国时期绍兴、萧山二县塘闸，即萧绍海塘的工程资料总集，兼录明清相关资料。该书现保存于绍兴图书馆。

《塘闸汇记》按塘工、闸务、闸港疏浚、塘闸经费、塘闸机关及杂记六大类编排，共辑录各种塘闸资料 165 篇，附图 8 幅，共约 25.4 万字，保存了明代建三江闸封闭萧绍海塘后的许多宝贵资料，堪称明代至民国时期的"萧绍海塘志"。

编者王世裕（1874—1944），字子余，绍兴城区人，近现代绍兴著名爱国人士。

《塘闸汇记》（民国《绍兴县志资料第一辑》）

越地水脉润后世

《麻溪改坝为桥始末记》

细数麻溪坝水利兴废

《麻溪改坝为桥始末记》，编印于民国八年（1919），今存上、下册四卷，卷一《论著》，卷二《记事》，卷三《公牍上》，卷四《公牍下》。卷首有序2篇，图7幅，为《先贤刘蕺山先生遗像》《山会萧略图》《山阴天乐乡水利图》《麻溪桥图》《茅山闸图》《新闸桥图》《屠家桥图》。该书现保存于绍兴图书馆。

此书内容记载了明、清、民国时期浦阳江下游改道对诸暨、山阴、萧山三县水利的影响及麻溪坝的兴废历史，是研究历史上浦阳江下游江道变迁的重要史料。编纂者王念祖，清绍兴山阴人，光绪二十三年（1897）举人。

《麻溪坝改桥为始末记》

《上虞县五乡水利本末》

绍兴最早的区域性水利专志

越地水脉润后世

元至正二十二年（1362），上虞陈恬以"五乡之水利具有本末，不徒辑而为书，又必刻而传之，以垂永久"而撰写《上虞县五乡水利本末》。由此可见，编此书是为了启示后人保护好三湖，不废湖为田，兴利于世。

陈恬的元代版本早佚。明嘉靖十五年（1536），上虞县令汝阴双溪张光祖命成生维、陈生骥重加校正，捐俸而刊之，明代版本已散失；清光绪八年（1882），重刻《上虞县五乡水利本末》，为三湖塘工合刻本，分上、下两册，此版本今存；清光绪十年（1884），连薇辑当时五乡水利案卷而成《续水利本末》。

重刊《上虞县五乡水利本末》上下册

五乡水利末末全图（光绪十年刊）

《上虞县五乡水利本末》是所见最早的绍兴区域性水利专志。上册内容包括夏盖湖图，上妃、白马湖图，三湖源委图，五乡承荫图，三湖沿革，植利乡都，沟门石闸，周围塘岸，抵界堰坝，限水堰闸，御海堤塘，科粮等则，承荫田粮，元佃湖田，五乡歌谣，兴复事迹，古文碑记；下册为续集内容，即改设堰闸，工部覆奏，徐公六议，海塘、湖塘要害议，修筑江塘，陈仓堰事迹，设法议巡，巡水条例，盗决禁约，长坝规制，应巡沟闸，近年得弊等。

《塘工纪略》

越地水脉润后世

塘工事之集大成者

《塘工纪略》，四卷，清连仲愚撰。仲愚（1805—1874），字乐川，绍兴上虞崧厦镇人。连氏做了大量善事，去世后获清政府褒奖，有《塘工纪略》四卷和《敬睦堂条规》一卷传世。

是书又名《上虞塘工纪略》，正编二卷，成书于同治元年（1862），卷前有江海塘堤图，续编一卷，成书于同治五年（1866），三续成书于同治十年（1871）。是编乃塘工专志，是绍兴上虞塘工字号册底档案，系统记录了上虞前江塘及后海塘塘工规划修筑过程，总结了连氏多年修筑海塘建设管理经验。如总结出了塘台法，"凡塘堤溃决，必然先卸里面，无论柴土石塘全藉后戗

《塘工纪略》封面

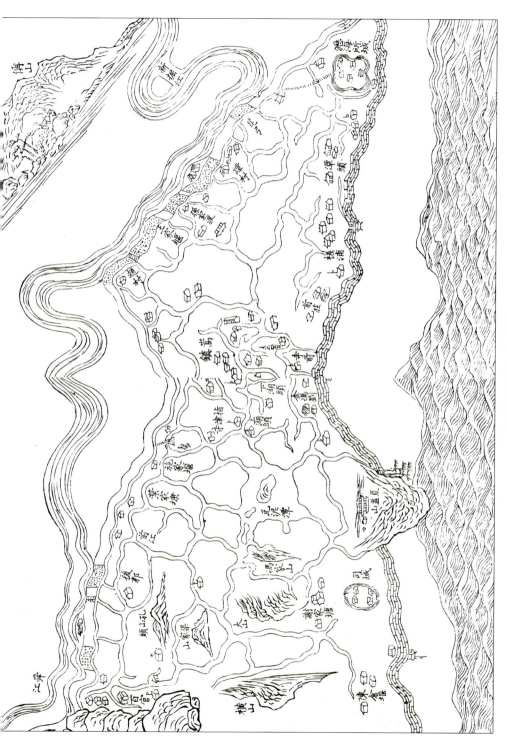

江海塘堤图（《塘工纪略》）

结实。仲节次修塘填补空虚，培植地势，创造塘台，俾塘堤有可倚靠"。这一加固堤塘的方法已被实践证明是科学实用的。书中还涉及修筑塘工的善后事宜等。

目前，版本有《塘工纪略》二卷、续一卷、三续一卷，稿本，浙江图书馆藏；清光绪四年（1878）连氏敬睦堂刻本，国家图书馆、上海图书馆、南京图书馆、浙江图书馆藏；光绪十三年（1887）上虞连氏枕湖楼刻本，半叶九行，行二十字，左右双栏，有界格，黑口，版心镌书名、页码，卷首题"上虞塘工纪略""古虞连仲愚乐川氏"，国家图书馆、上海图书馆、浙江图书馆藏。

其子连薇仿连氏著作体例又撰《上虞塘工纪要》二卷及续编多种，记述光绪七年至二十五年（1881—1899）江塘修筑相关事宜，有光绪三十年（1904）刊本。连氏与其子连薇的塘工修筑著作，形成了一个跨度四十余年的著作链条，为研究浙江晚清时期上虞地区水利建设、海塘修筑保存了重要资料。

《经野规略》

『暨邑之治谱』

　　《经野规略》是明代诸暨知县刘光复根据自身治理诸暨水害实践编成的水利专著，被后人视为"暨邑之治谱"，是了解明代诸暨治水方略的重要文献，至今仍有一定的参考价值。

　　《经野规略》成书于明万历三十一年（1603），曾先后重刊 4 次，有清嘉庆二卷版和清同治三卷版存留于今。内容包括为湖田抗洪、防涝所写的《疏通水利条陈》计 11 条，《善后事宜》计 34 款，各埂《丈量分段管修清册》、各埂闸《示禁》及重要水利工程纪实等，少数为重刊时增辑。

　　刘光复，字贞一，号也初。明万历二十六年（1598）冬任诸暨知县，二十九年（1601）复任，

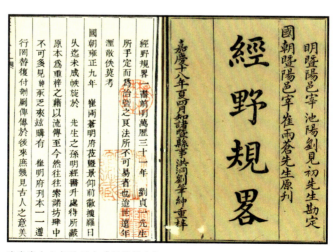

清嘉庆十八年重刊本《经野规略》

《经野规略》重刊序

三十三年（1605）再度复任，先后历时 8 年，是著名的治水能臣，其治水功德世代传颂。刘光复到任诸暨后，深入实地考察，把治水当作为政第一要务。他组织全面踏勘诸暨七十二湖，深入调查，绘制了《浣水源流图》《丈埂救埂图》，按照地形，因势利导。他还采用多种治理及调洪办法，并制定严格管理制度，尤其是所开创的圩长制（即河长制）管理沿至今日并传为美谈。之后诸暨百姓追思其德，建刘公祠以祀之。

原白塔湖斗门刘公殿有联曰："排淮筑圩万古浪花并夏禹，筑坝浚江千秋庙貌是刘公。"是诸暨人民对刘光复承禹精神、治理水患成就的极高评价。

新昌涉水制度系列档案

水利建设发展的真实记录

新昌人民自古有兴修水利的传统。在晋代，先民凿井取水于鳌峰山背。宋绍兴十二年（1142），知县林安宅筑东堤御洪，浚七星井汲饮，开孝行碑灌溉。嗣后，率民修碑筑城固堤的名宦贤达，明有唐夔、曹祥、万鹏、田瑄，清有李品镐、孙钦若，等等。

目前新昌县档案馆较好地保存有一批1948年前后的涉水制度系列档案，例如《发展农田水利饬兴办小型水利工程指令》《奉令征收水利工程溢费拟具细则提请议案》《奉令转发兴办水利工程收益费统一征收办法仰知照由》《据呈送该县水利工程款征收通则祈核备等情指令遵照由》

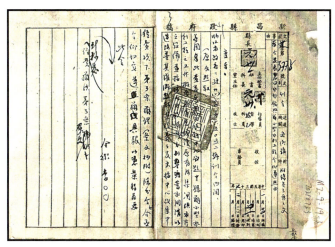

发展农田水利饬兴办小型水利工程指令（复印件）

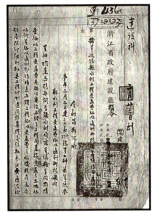

据呈送该县水利工程款征收通则祈核备等情指令遵照由（复印件）

奉令征收水利工程溢费拟具细则提请议案（复印件）

《利用义务劳动兴办小型农田水利工程训令》《水权登记拟提高五十倍征收对照表》《水权登记申请书格式相关规定》《新昌县政府为定期招标修理孝行碑的通告》等，这些文档材料真实记录了水利工程等建设前期、施工过程、竣工验收及维修保养等工作，具有非常重要的实用价值，是研究中华人民共和国成立前新昌水利建设的重要资料，充分反映了新昌县历来重视水利建设，另外对一些新建工程也能起到有效的借鉴和指导作用。

春夏秋冬水则牌碑

越地水脉润后世

理水有道共和谐

明代春夏秋冬水则牌碑，现存放于绍兴市文物局库房。

该水则牌碑上部略有残损，残高为 2.1 米，宽为 0.34 米，厚为 0.26 米。水则牌碑的形状为长方体，柱体四面分别自上而下刻有楷书："东春季水牌""南夏季水牌""西秋季水牌""北冬季水牌"。

该水则牌碑是在 2018 年新三江闸排涝河道拓浚工程（越城片）的施工过程中，在原则水牌村河道中所发现的。据水利、文物部门鉴定，这应是古代三江闸建成后定立于此的水位水则牌碑，是对当时的平原河网用水管理作出的科学调度规定。目前，已成为绍兴水利和文化的重要历史见证。

春、夏、秋、冬季水则牌碑（《绍兴市水利志》）

山会水则碑、戴琥水利碑

一石两碑修水利 十年久安守越地

戴琥，生卒年不详，字廷节，江西浮梁县人。明景泰元年（1450）举人，授南京监察御史。成化九年（1473），出知绍兴府。在绍十年间，悉心考察水利形势，全面整治河网塘闸，对山会平原河道、湖泊进行大量实地调查和多年实践积累的基础上，以四季农事为本，兼顾航运交通之水位调控原则和方法，创建了著名的《山会水则》，并于明成化十二年（1476）在城内佑圣观立碑。明成化十八年（1482）五月，戴琥在离任前夕，根据其在越治水经验，写成专文并绘刻府境八县山川水系全图，勒石立碑于府署中，即水利碑，以供后人治水参考。

山会水则碑 又称戴琥水则碑，高 1.8 米，宽 0.8 米，现存于大禹陵碑廊。碑文刻于碑石之阴面，碑石之阳面为王僎之作《山阴县新闸记》。碑文记述了戴琥根据担任绍兴知府期间的治水实践，对当时的平原河网用水管理制定了科学调度规定，共 172 字。

种高田，水宜至中则；种中高田，水宜至中则下五寸；种低田，水宜至下则，稍上五寸亦无伤，低田秧已旺。及常时，及菜、麦未收时，宜在中则下五寸，决不可令过中

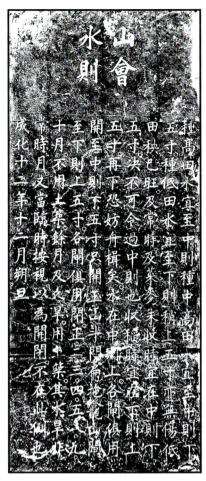

山会水则碑

则也。收稻时，宜在下则上五寸，再下恐妨舟楫矣。水在中则上，各闸俱用开；至中则下五寸，只开玉山斗门、扁拖、龛山闸；至下则上五寸，各闸俱用闭。正、二、三、四、五、八、九、十月，不用土筑；余月及久旱，用土筑。其水旱非常时月，又当临时按视，以为开闭，不在此例也。

成化十二年十二月朔旦。

戴琥水利碑 明成化十八年（1482），绍兴知府戴琥所作，现存于大禹陵碑廊。碑高 1.72 米，宽 0.8 米，厚 0.19 米。碑文刻于碑石之阴面，碑石之阳面为明国子监祭酒邱濬，于成化十五年（1479）所作的《重修水利记》，记述了戴琥兴修水利的事迹。

戴琥水利碑主要包含两部分内容：上半部分为《绍兴府境全图记》，是当时时任绍兴知府戴琥经过实地勘探、测量后绘制的所属八县内山川、湖泊、城池、堰闸的详细地图，并用线条和文字对其进行标注。下半部分则是正文内容，是戴琥离任前夕，对自己多年治水经验的总结。文中记载了整个浙东地区的水利水文、地理形势及江河源流的演变发展，以及其任职期间由于财力、物力等限制所无法实施的设想，由此写成了这篇专文。在碑文中，戴琥还寄语后任，要对地方水利事业"视如家事，随时葺理，不避嫌，不恤谤，不令大败，以佐吾民"。

戴琥水利碑既是对绍兴水利的历史总结，也是至今仍具现实价值的水利学术思想论著，为我们研究明代绍兴自然地理与水利设施提供了详尽可靠的地图资料。

绍兴居浙东南下流，属分八县，经流四条。一出台州之天台，西

戴琥水利碑

至新昌，又西至嵊县，北经会稽、上虞而入海，是为东小江。一出山阴西北，经萧山，东复山阴，抵会稽而入海，是为西小江。一出上虞，东经余姚，又东过宁波之慈溪，至定海而入海，是为余姚江。一出金华之东阳、浦江、义乌，合流至诸暨，经山阴，过萧山入浙江，是为诸暨江。其间泉源支派，汇潴堤障，会属从入，如脉络藤蔓之不绝者，又不可不考。

东小江则发源天台，关岭、天姥山之水东北来从，东阳之水出白峰岭，诸暨之水出皂角岭，合流会于嵊县之南门。至浦口，则罗松溪自西南，三溪、黄泽溪自东南来入，东至上虞东山；会稽汤浦之水自西从之，又东至蒿陵，会于曹娥，由东关蛏浦入海。罗松溪之上则有新塘、普惠塘、东湖塘；溪之下则有利湖、下湖、斛岭、路丝、并湖、书院、广利及汉、沃、芦十塘。三溪之上则有爱湖塘、黄塘；溪之下则有何家塘、任幡塘；黄泽溪之下则有西山塘、清隐塘。下湖之上有西溪湖。凡二十所焉。

西小江则山阴天乐、大岩、慈姑诸山之水，合于上下瀛等五湖，西北出麻溪东西分流，西由新河闸随诸暨江从渔浦入浙江。东历萧山白露塘而三峡、苎罗、石岩诸塘，利市、固家、湘湖、排马湖、运河之水，东由螺山等闸注之。又东至钱清，山阴之黄湾，越山、铜井之水，西由九眼斗门注之。故道埋塞，并入山，会中村。而所谓三十六源以及秋湖、沸石湖、容山湖之乱于运河，连黄垞、东西瓜汻、央茶等湖横流，出新灶、柘林闸。白洋、西宸、金帛、马鞍诸水，南出夹篷、扁佗闸。会稽之独树洋、白塔洋、梅湖，亦乱于运河，并贺家池横流，出玉山陡门，合于故道。

余姚江则上虞百楼诸山溪涧之水，合于通明而成江，自此以下，则松阳湖、东泉炉塘、西泉莫湖、前溪、鸭阳、蒲阳、兆闸诸湖塘之水自西南，桐子、穴湖，自东北。上呑、上林、烛溪，北出小河而南，鲤子、劳家、横山、桐树、乌戒、烛老六湖，东出小河而西南，各来入新、平二湖，则西北。汝仇、千金、余支三湖，则东北。俱从长冷港出曹墅桥。上虞县夏盖、上妃、白马三湖亦相属，东从长冷港来，会乐安、藏野，会大、小查湖，南及皂李湖，俱经南来入。

诸暨江则金华之义乌、浦江、东阳之水，所谓浦阳江，苏溪、开化溪，西北合流于了江。了江之上，西有鲤湖，东有洋湖，下则东有木陈、柳家、诸家、杜家、王四之五湖。了江北经县治至茅渚步，分为东西江。西江则有竹桥溪，受马湖，章家湖，后新亭、柘树二湖，大、东二湖与夫镜子、沈家、道士三湖之水。又有京堂湖及朱家、戚家、江西三湖，神堂、峰山、黄潭三湖。东江则莲、仓、象、菱四湖，横塘、陶湖、高公、落星、上下竹月六湖，张麻、和尚、山后、缸灶四湖，泌湖及桥里、霍湖、家东、马塘、杜家、毕草七湖，前村、石荡、历山、忽睹、白塔、横山六湖。二江之间，则有大侣、黄家二湖，赵湖、泥湖、线鱼湖、西施湖、鲁家湖。二江合处名三港口，东有吴、金、蒋、下四湖。西有陶湖、朱公二湖，观庄、湄池、浦朱、里亭四湖，各来入，同归浙江。

东小江田多高阜，水道深径，无所容力。灌溉之功，嵊治以上可以为陂，以下则资之诸塘。西小江自鉴湖废、海塘成、故道堙，水如盂注，惟一玉山陡门，莫能尽泄。而山、会、萧始受其害，曾为柘林、新灶、扁佗、夹篷、新河、龛山、长山闸共十三洞泄之。遇非常之水亦不能支，须于有石山脚如山阴顾埭、白洋，会稽枯枝、新坝等处，增置数闸，则善矣。诸暨江，潮至大侣。自此以上诸湖则防水之出，人力可以有为。以下诸湖则防潮之入，亦有非尽人力所能为者。惟使斗门圩埂有备，余当付之天矣。余姚江通潮，支港能深浚之，使潮得以远入，湖得以不泄。又诸湖放水土门，甃之以石，如我汝仇湖之设，则水有余利矣。诸暨江，萧山旧有积堰，并从西小江入海。堰废始析而二。

好事者不察时务，不审水性，每以修堰为言，殊不知筑堰之初未有海塘，水尚散流，故筑其一道而余犹可以杀其势，故能成功。兹欲以篑致之土，塞并流之江，可乎？设如堰成，障而之东小江数丈之道，果能容之乎？予固谓诸暨将为巨浸，而山、会、萧十余年舟行于陆，人将何以为生？或以先浚西小江为言者，亦不知世久，故道皆为良田。浚之，故土无所安致。虽或暂通，而水势不能敌潮。故潮入则泥澄，不胜其浚，而终无益于堙塞。不然，则至今尚通可也。堰决不可成，小江决难复通矣。萧山湘湖，往年禁弛，奸民盗决堰塘，四农失利。近虽有防，而黄竹塘等处石堰仍须修复。如《湖经》所载，则龟山之遗惠不竭矣。大抵湖塘民赖以为利，侵盗之禁不可少弛。弛则民受其害，复禁又生怨如近日。堰闸圩埂，贵时修筑，然而荒弊之秋，材无所出，而请求者不已。故事未举而谤已兴，听者少察，遂致不乐其成，如民事何？后之君子，庶几视如家事，随时葺理，不避嫌，不恤谤，不令大败，以佐吾民，则幸甚。

成化十八年五月朔旦　知府事浮梁戴琥识。

山阴县新建广陵斗门记碑

广陵斗门的『说明书』

山阴县新建广陵斗门记碑，由北宋嘉祐八年（1063）十月王冲、吴安、张诜立石，将仕郎、守许州许田县尉张焘撰文并书丹，将仕郎、守越州山阴县尉李公度篆额。原立于绍兴县钱清镇虎象村，今移至绍兴治水广场治水纪念馆。

山阴县新建广陵斗门记碑

239

该碑残高 1.25 米，宽 0.75 米，楷书。此碑额和其上部略有残缺，每行基本都缺少 1—2 个文字。碑文记述"嘉祐四年，赞善大夫李君茂先适治其县，诱其邑之人魏元象、魏组、戴庸等相与谋，于邑之著姓协其力而缮之。凡费木石一千余缗，用人之力千有余工。于是广陵之斗门复完，而越人之患又从而息"。涉及新建广陵斗门的情况，另外还记述山会地理大势，马臻筑鉴湖的功德等，还从大禹治水方略，谈到了马臻和鉴湖工程功绩，期望水利永固，造福于民。

《越中金石记》、民国《绍兴县志资料（第一辑）》等均有记载。

诸暨明清涉水制度碑

石
碑
刻
禁
令

治
水
利
纠
纷

诸暨市博物馆目前存放有三院道府水利禁示条款碑、王家堰禁碑、合筑碑等涉水制度碑。是研究明清时期水利制度的重要文物。

三院道府水利禁示条款碑　诸暨县令刘光复于明万历三十一年（1603）十月建立，原在暨阳街道茅渚埠桥东塝刘公祠内，后移藏至诸暨市博物馆。碑高2.1米，宽0.75米，厚0.1米。青石质，圭角。该碑共计19条条款，对河流水系的维护、流域资源开发、沿河居民生活中占用河道等等行

三院道府水利禁示条款碑　　　　　　王家堰禁碑

合筑碑

为进行了梳理并制定了相应规范。

王家堰禁碑 立于清朝宣统元年（1909）八月。碑高2.2米，宽0.79米，厚0.08米。青石质，圭角。该碑记载了当时诸暨地方官处理民间破坏王家堰水利工程、侵占河道等案件的过程，同时还定下规定要求百姓今后必须保护水利工程，合理利用河流资源。

合筑碑 立于清咸丰三年（1853）。碑高159厘米，宽63厘米，厚8.5厘米。青石质，圭角。该碑记载了当时地方官员协调两埂居民在分摊修筑水利工程费用时的矛盾，并对两埂居民今后共同维护利用水利工程作出了规范，体现了古代诸暨官员对于水利事务的重视与决断。

萧侯重建城堤记碑

民惟屏长堤自固

越地水脉润后世

　　《萧侯重建城堤记》，万历《新昌县志》中称《重修堤记》，康熙《新昌县志》、光绪《新昌县志稿》、民国《新昌县志》中则称《重修东堤记》，新昌县文物馆《碑记集》称《萧侯重建城堤记》。

　　重修东堤记碑为明隆庆五年（1571）孟春吉旦立。碑文题为《萧侯重建城堤记》。赐进士第朝列大夫、广西布政使左参议前湖广道监察御史邑人俞则全撰文，赐进士出身、兵部尚书、兼都察院右都御史吕光洵书丹，赐进士及第礼部尚书、兼翰林院学士潘晟篆额，记载了重修东堤的相关事宜。碑高200厘米，宽88.5厘米，圭首，双凤衔匾额，贔屃（原吕光洵墓前物），原位于新昌县镜岭镇西坑青石。1990年，青年路与人民中路交岔口的止水庙被拆时，被征集立于千佛岩下新昌博物馆碑廊（新昌城隍庙内）。

萧侯重建城堤记碑

谒禹陵　宋·秦观

阴阴古殿注修廊，海伯川灵俨在旁。
一代衣冠埋窆石，千年风雨锁梅梁。
碧云暮合稽山暗，红菱秋开鉴水香。
令我免鱼鼈帝力，恨无歌舞奠椒浆。

水语遗风传千年

绍兴既为水乡泽国，又多水事，历史水环境变迁，人民沿水而居，交通依水而行，因而渐渐敬畏水、顺应水、崇拜水，并产生诸多与水相关的民俗、地名、传说、技能等，久而久之，形成凝聚越地源远流长的特色水文化。中华人民共和国成立后，以"大禹祭典"为代表的民族传统文化在经过数千年的历史沉淀后，焕发新的生机，成功入选非物质文化遗产，既丰富了群众的文化生活，又增加了民族凝聚力。

大禹祭典

水语遗风传千年

江淮河汉思明德 精一危微见道心

洪水茫茫，百姓流离；有我大禹，载荷长耜。
涂山歌候，三过不入；振危释愆，功成敷土。

《2022 大禹祭典祭文》节选

1995 年浙江省暨绍兴市各界公祭大禹陵典礼　陈晓 / 摄

2019 年公祭大禹陵典礼　陈晓 / 摄

　　大禹祭典是绍兴市常设节会，采取公祭与民祭相结合的方式。历史上，大禹祭典大致可分为皇帝祭、地方公祭、社团民祭、姒氏宗族祭等不同形式。由皇帝派遣使者，来会稽祭禹者更多。

　　历代祭禹，古礼攸隆，影响巨大。自大禹之子夏王启开端，祭会稽大禹陵已有定例，夏王启首创的祭禹祀典，是中华民族国家祭典的雏形。公元前 210 年，秦始皇"上会稽，祭大禹"。此为历史上第一次由皇帝亲临会稽祭大禹，开创了国家大禹祭典最高礼仪。唐代，有"三年一祭……祀官以当界州长官，有故，遣上佐行事"的地方公祭制度。至宋建隆二年（961），宋太祖颁诏保护禹陵，开始将祭禹正式列为国家常典。而明洪武四年（1371），朱元璋特遣专官告祭大禹，有《洪武四年皇帝遣臣告祭夏禹王文》，遣使特祭由此开始成为制度。清代，康熙、乾隆曾亲临绍兴祭禹，还数十次遣官致祭。民国时改为特祭，每年 9 月 19 日举行，一年一祭。

　　1995 年 4 月 20 日，浙江省人民政府和绍兴市人民政府联合举行了"1995浙江省暨绍兴市各界公祭大禹陵典礼"，承续了中华民族尊禹祀禹的传统，翻开了中华人民共和国新的祭禹典章。公祭每年一祭，五年一大祭，地方民祭和后裔家祭则每年一次，绵延不绝。

2006 年 4 月 2 日，绍兴公祭大禹陵时，时任浙江省委书记的习近平致信绍兴市委，对公祭大禹陵活动作出重要指示："公祭大禹陵是一件十分有意义的事情。大禹以其疏导洪患的卓越功勋而赢得后世敬仰，其人其事其精神，展示了浙江的文化魅力，是浙江精神的重要渊源"。2007 年 4 月 20 日，文化部与浙江省政府共同主办公祭大禹陵典礼，这是中华人民共和国成立后的国家级祭祀活动。

大禹是华夏民族在神州大地奠基立国的一位伟大先祖。大禹的杰出贡献，对中国历史的演进和发展有着深远的影响。大禹陵庙几千年祀典相继，是后人学习大禹明德、弘扬大禹精神的明证，是弘扬民族精神的重要举措，对中华民族起着无可替代的凝聚作用。大禹陵祭典的制度和礼仪，蕴含着十分丰富的民族传统文化。加强对大禹祭典的保护，对传承中华悠久的传统文化有重要的历史价值、人文价值和学术价值。

2006 年 5 月，大禹祭典被列入国家级非物质文化遗产名录，2021 年 2 月被列入绍兴市大运河世界文化遗产保护名录。

虞舜传说

口口相传 熠熠生辉

古时有虞舜，父母顽且嚚。
尽孝于田垄，烝烝不违仁。

［魏］曹植《灵芝篇》节选

祭舜大典

舜会百官

舜，姚姓，号有虞氏，名重华，史称虞舜，传说中的上古帝王，父系氏族社会部落联盟领袖。虞舜出身贫寒，胸襟开阔，自幼以孝德名世，位列中国古代"二十四孝"之首。执政期间，以民为本，以德为先，位列"三皇五帝"之一。上虞，史载乃虞舜的出生地。《史记·五帝本纪·正义》引《会稽旧志》云："舜，上虞人。去虞三十里有姚丘，即舜所生也。"

上虞是虞舜生活和成长的故乡，几千年来，关于虞舜的事迹、孝行、美德等传说故事，一直在上虞民间代代流传。主要分为四类：一是虞舜出生和出生地遗迹的传说；二是虞舜生活和成长的传说；三是虞舜善于耕种、渔猎、制陶的传说；四是虞舜执政治国的传说。同时有四种表现形态，即虞舜传说、虞舜历史遗迹、历史文献资料和各类说唱艺术作品。具体故事包括重华降世、兄弟种豆、象耕鸟耘、捕鱼制陶、四岳荐舜、舜会百官、惩治四凶、杀鲧羽山、举禹治水、殛狂立功、抚慰三苗、象庙象棋、选禹接班、南巡苍梧、崩葬九嶷等。

虽然上古时期的历史尚无文字记载，全靠人们的口耳相传才能进行传承，但是历史从不曾断代。虞舜传说中的孝道、德治、勤政、廉洁和亲民、重民、任人唯贤等思想，具有厚重的思想和文化价值；是研究古代神话和传说的宝贵资料，具有重要的文学价值；虞舜传说是研究上古社会政治、经济、文化、科技及自然环境的重要依据，它还具有宝贵的历史价值。2009年6月，虞舜传说入选浙江省非物质文化遗产代表性项目名录。2022年10月，绍兴发布《浙江尧舜遗迹图》，共精选尧迹16处、舜迹103处，绍兴61处舜迹也编入其中，旨在进一步保护、传承和利用尧舜文化遗产。

水乡社戏

鲁迅笔下水乡风情

空巷看竞渡，倒社观戏场。

［宋］陆游《稽山行》节选

水乡社戏 马亦梅／摄

女子越剧发源地施家岙绳武堂戏台　陈晓／摄

水乡社戏是传统社会人们在节日里聚众祭祀并作戏曲歌舞表演的民俗活动，具有祭神和娱人相结合的特点，是绍兴民间最受欢迎的节日民俗活动。

绍兴的社戏大致分为年规戏、庙会戏、平安戏、偿愿戏等几种类型，其中以庙会戏为主。演出程序比较固定，基本按照"闹场—彩头戏—突头戏—大戏—收场"的次序进行。

彩头戏、突头戏一般在白天演出，大戏即正戏，则从傍晚开始。社戏的舞台可分成庙台、祠堂台、河台（水台）、街台、草台等几种，其中以河台（水台）最具特色，被称作"水乡舞台"。这是一种极具绍兴水乡特色的伸出式舞台，后台在岸上，前台在水中，为观众创造了一种水上、岸上同时观看演出的条件。绍兴旧时往往一村一戏台，至今仍保留一大批戏台，尤以庙台、祠堂台、水台等样式最为常见，成为绍兴历史上戏曲繁荣的见证。

水乡社戏扎根民间，深受广大观众喜爱，至今仍可在绍兴地区的城市和乡村见到它的影踪。鲁迅的短篇小说《社戏》、散文《无常》等，记叙了童年乘船看社戏的经历。在绍兴看水乡社戏，最让人叫绝的，莫过于乘坐一条乌篷船，一边喝着绍兴黄酒，嚼着茴香豆，一边优哉游哉地看戏。社戏这种古老的民俗，总是在不经意间时时散发着浓浓的人情味和乡土味。

绍兴的水乡社戏汇集和体现了不同剧种的表演风格，也充分展示了当地丰富多彩的民风民俗。2008年6月，绍兴水乡社戏被列入国家级非物质文化遗产名录。2022年11月，越城区孙端街道举办第一届鲁迅外婆家水乡社戏活动，鲁迅挥笔写就的绍兴故事在今日仍焕发出耀眼的光芒。

绍兴赛龙舟

独有的泥鳅龙船故事

涵虚歌舞拥邦君，两两龙舟来往频。
闰月风光三月景，二分烟水八分人。
锦标赢得千人笑，画鼓敲残一半春。
薄暮游船分散去，尚余萧鼓绕湖滨。

［宋］楼钥《湖亭观竞渡》

龙舟竞渡　陈晓／摄

绍兴赛龙舟　阮关利/摄

　　"赛龙舟"，绍兴人俗称"划泥鳅龙船"。一般赛龙舟活动只在端午举行，是纪念屈原的一项活动，但绍兴的赛龙舟却在农历三月、五月各一次。

　　东汉永和太守马臻首筑鉴湖，遭馋遇害后，被绍兴百姓尊为湖神。三月赛龙舟，便是纪念马臻马太守的民间活动。从前，包括"十里湖塘"在内的鉴湖上，每年逢三月十三这一天，当地百姓都自发搞这项有特色的民祭活动。"乡堡各张凌波军，群龙波浪争掀腾"，到了赛龙舟的日子，各乡村的龙舟队一起上阵，一派热闹景象。

　　明末清初，"赛龙舟"又成为庙会里面的一项内容。在农历五月二十三至二十五，由各村的泥鳅龙舟队集中在大庙前宽阔的河面上进行龙舟赛。每只泥鳅龙船有十四个队员，十二个划船手，一个把舵手。前面一个"掼龙跳"，龙舟中"掼龙跳"的本把要相当好，在某种程度上决定了龙舟赛的胜负；把舵手和划船手亦要协调好。八九只泥鳅龙船在宽阔江面上奋力比赛，拼搏向前，场面十分壮观，河岸观众喝彩声不断，进一步激发了龙舟队员的奋勇向前。

　　现在赛龙舟已成为一项民间体育活动。绍兴有多支群众自发组织的龙舟队，经常参加省市相关比赛活动。2008年11月，绍兴赛龙舟被列入绍兴市非物质文化遗产代表性项目名录。

石宕采凿技艺

历史悠久的建筑技艺

石宕固是人所凿，若使拟凿反不能。
天意人工两无意，方能成此孤极撑。

〔明〕徐渭《游石宕二首·其一》节选

羊山石宕遗址　盛建平/摄

东湖石宕遗址　马亦梅/摄

　　绍兴的石宕开采源远流长，早在越国时期就已经初具规模，汉代发展为有一定规模的特殊行业，为古代城市建设、修筑海塘提供了源源不断的建筑材料，也千锤百炼出一代又一代的能工巧匠。

　　绍兴有丰富的石矿资源和较为特殊的石质条件，过去有会稽石、柯山石、东湖石、羊山石四大石材，十分有名。历史上，绍兴石宕分为两路：东路石宕在东湖、尧门山、坝口一带；西路石宕主要在柯山、马鞍山、下方桥羊山等处。绍兴石宕开采的最大特色是：在开发利用自然资源过程中，最大限度减少对生态自然资源的破坏和浪费，先是采石，继而造景，采石后的残山剩水经过能工巧匠的精心雕琢，被赋予深刻的越文化内涵，改造成美轮美奂的人造石文化景观。如柯岩云骨、羊山城隍峰、吼山棋盘石等，这在国内外绝无仅有。绍兴石宕，特别是露天石宕采凿的工艺流程主要有选址、采凿、揭层、整形、打磨、运输等。

　　绍兴石宕采凿技艺已达到炉火纯青的程度，随着石料用途的广泛开采拓展，采石行业得到快速发展，采凿技艺日益显现，概括地说，具有重要的历史价值、实用价值、经济价值、人文价值和艺术欣赏价值。

　　2012年6月，绍兴石宕采凿技艺被列入浙江省非物质文化遗产名录；2021年2月，被列入绍兴市大运河世界文化遗产保护名录。

　　东湖石宕遗址　位于越城区皋埠街道东湖村箬篑山麓，紧邻运河。自汉代

吼山云石　陈晓/摄

起开山采石，隋代，越国公杨素为扩建越城，更是在此大举开采石材，用于城市建设。此后，历代多有开采。经千年鬼斧神凿，遂成悬崖峭壁，奇潭深渊。因紧邻运河，石材通过运河外运便捷，东湖石宕遂成为古代绍兴三大石宕之一。清晚期，越中名士陶浚宣仿桃源意境营建园林，筑堤为界，堤内为湖，铺设亭桥水榭，因地处绍兴城东，故名"东湖"。后来孙中山、毛泽东、刘少奇、郭沫若等名人均在此留有遗踪。

吼山石宕遗址　位于越城区皋埠街道吼山村，明代徐渭有《游石宕二首》诗，说明了吼山石宕奇景在明代已经形成。古代吼山与附近的东湖一样，皆为人工采石基地，后形成景观，其中以云石、棋盘石为最。云石，高22米，似一倒置靴子，又似天然灵芝；棋盘石高耸云天，是典型的"石蘑菇"，后经过雕琢，但程度不大，基本保持原态。

羊山石宕遗址　位于柯桥区齐贤街道羊山石城、羊山公园。据载，隋代越国公杨素采羊山之石以筑罗城，采石过程中，此处留下数峰耸立的孤岩于石宕湖中，题曰"剑魂"。另外有一块高八十余丈，周五十余丈的孤岩上凿刻有石佛；隋大业年间（605—618），赐额石佛寺；唐乾宁间（894—898），钱镠举兵讨伐董昌，屯兵羊山一带，后人为纪念钱镠平乱，尊其为城隍菩萨，建武肃王殿供奉。水宕大小不一，环山依石，形成了羊山石佛。

柯岩石宕　钱科／摄

柯岩石宕遗址　位于柯桥区柯岩街道鉴湖之畔，柯山脚下。自汉唐以来，工匠凿山取石不止，逐渐造就了姿态各异的石岩、石洞、石壁等诸多景观。唐宋时已成游览胜地。尤其是"炉柱晴烟"（即云骨），是隋唐以来采石刻凿而成，高30米，底围仅4米，最薄处不足1米。云骨之西又有开凿于隋代、竣工于初唐的大佛，高20.8米，为浙江四大名佛之一。

曹娥庙

一江流孝水　千古祀神娥

青娥埋没此江滨，江树飕飅惨暮云。
文字在碑碑已堕，波涛辜负色丝文。
｜唐｜赵嘏《题曹娥庙》

曹娥庙正门　余斌/摄

曹娥庙全貌　余斌拍／摄

　　曹娥庙早年又叫灵孝庙、孝女庙，位于上虞区曹娥街道孝女庙村，是为彰扬东汉上虞孝女曹娥而建的一处纪念性建筑。

　　庙宇始建于东汉元嘉元年（151），旧在江东，后为风潮损坏，移建于今址。宋元祐八年（1093）建曹娥正殿。之后，曹娥庙屡建屡毁，规模不断扩大。民国十八年（1929）又毁于一场大火，仅存清雍正十年（1732）所建石牌坊。民国二十二年（1933），上虞乡绅任鸿奎募资于原址重建，民国二十五年（1936）竣工。"文化大革命"中，曹娥墓遭到严重破坏，1982年重建。

　　曹娥庙主体建筑坐西朝东，背依凤凰山，面向曹娥江，占地面积3942平方米，建筑面积2460平方米，主要文物建筑分布在三条轴线上：南轴线依次有石牌坊、碑廊、双绘亭、孝女墓；中轴线依次有山门、戏台、正殿、双亲殿、坐楼；北轴线依次有山门、戏台、土谷祠、沈公祠、戏台、东岳殿等。

　　曹娥庙规模宏大，布局严谨，且以雕刻、楹联、壁画、书法"四绝"饮誉海内外，堪称民国时期江南木结构建筑的代表，被世人称为"江南第一庙"。曹娥庙建筑群及其历史变迁是中国孝文化源远流长的实物例证，有较高的历史和文化价值。1989年12月，曹娥庙被列为浙江省重点文物保护单位；2013年5月，被列为全国重点文物保护单位。

曹娥碑　阮军校/摄

曹娥碑　即后汉会稽孝女立碑，始刻于汉代，是东汉年间人们为颂扬曹娥的美德，纪念她的孝行而立的石碑，是中国著名碑刻，且有一段字谜的传说。开始由蔡文姬的父亲蔡邕书写此碑，千百年来风雨沧桑之后，又由宋朝王安石的女婿蔡卞重新临摹，一直保存至今。今存是宋朝石碑，碑高2.1米，宽1米，字体为行楷体，笔法灵动，神采飞扬，被誉为宋代行楷的典范。此碑历经千年，堪称镇庙之宝，历代书坛名流视作瑰宝。

曹娥庙会　是为纪念"千古孝女"曹娥而举行的。曹娥（130—143），上虞曹家堡村人。相传其父曹盱于汉安二年（143）五月五日在舜江落水失踪。曹娥昼夜不停地哭喊着沿江寻找，无果。到十七天时曹娥投江寻父，三日后，已溺水身亡的曹娥竟背负父尸浮出了水面。曹娥的孝行感动乡里，轰动朝野。后来人们把曹娥殉父的舜江改名为曹娥江。元嘉元年（151），上虞县令度尚改葬曹娥于"江南道旁"，报奏朝廷表为孝女，并为其立碑建庙——曹娥庙，尊她为"孝女娘娘"。之后，民间逐渐形成了定期举行的民俗文化活动的传统，每逢农历五月二十二日（曹娥救父这一日），曹娥庙里都要举行盛大的庙会，以祭奠孝女曹娥、传承曹娥孝节。

陈侯庙①

嵊州浦桥治水念先贤

六月冲炎出问囚，归途因泛剡溪舟。
短蓬块坐如深甑，却羡清寒王子猷。

[宋] 蔡戡《剡溪》

陈侯庙正门

---

① 本文主要参考《嵊州浦桥陈侯庙：感恩治水先贤》，"浙江民宗微信公众号" 2020 年 7 月 9 日。

陈侯庙全貌

　　嵊州，古名剡县，四周群山环抱，风景秀丽，是个钟灵毓秀之地。历史上，嵊州民俗文化底蕴深厚，民间信仰的城隍神、潮神、财神、雨神等神灵众多，南宋治水功臣陈侯，就是其一。

　　陈侯，本名陈贤（1168—1230），世居剡县清化乡钦丰里浦桥庄，宋庆元三年（1197）进士，授翰林，为官清正，恪尽职守，曾任剡县县令、幽州知府、吏部从事等职。因其治水功勋卓著，被誉为"活潮神"，被当地百姓尊称为"陈老太公"，敕封"灵济侯"。

　　陈贤一生与水结缘，"彻石固砂，筑坝制闸，平治潮水，宁济生民"。青年时，主持参与建造浦桥、改造浦桥坂、治理剡溪。宋绍熙年间（1190—1194），黄河决口，陈贤奉圣命率民工，治理黄河蔡州段百丈险堤，获得功成。开禧年间（1205—1207）授吏部从事，总管治理钱塘海潮。当时，人们视钱塘潮为"水怪"，过往行人常遭潮水祸害。陈贤在钱塘江海口、萧山西兴闸、会稽钱清堰、上虞曹娥江入海口等地设点观察海潮动态，潜心研究潮涨潮落数十年，于嘉定十七年（1224），著成中国古代最完整的海潮论著《潮赜》，有效地控制了钱塘潮，被誉为"活潮神"。南宋绍定三年（1230），陈贤被授予吏部尚书衔，然而是年冬，63岁的陈贤因积劳成疾而谢世，归葬故里。

　　陈侯庙，原名灵济祠，位于嵊州市鹿山街道浦桥村。始建于宋绍定四年

陈侯庙内部

（1231），是宋理宗为表彰陈贤的治水功绩而建立的。原址在嵊县县城东门外，明洪武十七年（1384），迁建至县城西门。明嘉靖三十四年（1555），为防倭寇入侵，县城拓建城墙，涉及祠址，遂又迁移至陈贤的家乡浦桥，并更名为陈侯庙，庙后为陈贤夫妇的墓地。如今的陈侯庙占地 3500 平方米，建筑面积 2000 余平方米。大殿为 1986 年重建，建造了签经房、戏台、廊屋等。另外为适应佛事活动，修建了子母殿，内有观音、地藏、财神等塑像。

几百年来，当地百姓一直传颂着陈贤为治理水患到处奔波的事迹。每年农历八月十八，为陈侯庙最隆重的祭祀之日，俗称"陈老太公会期日"，正名为"潮神节"。2009 年，嵊州市于农历八月十八日举办了第一届民间潮神节，并规定每隔 5 年举行一次大祭。2011 年，农历八月十八日浦桥陈侯庙的"潮神节"被列入浙江省非物质文化遗产名录。

如今的"潮神节"，除了承载当地百姓祈求风调雨顺、国泰民安的美好夙愿，已然演变成传承民俗文化、发扬民族精神、助推地方经济发展的文化现象。

参考文献

一、古籍文献类

1. ［汉］司马迁著：《史记》，中华书局，1959 年。

2. ［汉］袁康，［汉］吴平辑录：《越绝书》，浙江古籍出版社，2013 年。

3. ［汉］赵晔撰：《吴越春秋》，中华书局，1985 年。

4. ［北魏］郦道元著，陈桥驿校证：《水经注校证》，中华书局，2007 年。

5. ［宋］沈作宾修，［宋］施宿纂：嘉泰《会稽志》，载绍兴丛书编辑委员会编《绍兴丛书》，中华书局，2006 年。

6. ［宋］陆游著：《陆放翁全集》，中国书店，1986 年。

7. ［宋］王十朋著，梅溪集重刊委员会编：《王十朋全集》，上海古籍出版社，1998 年。

8. ［元］陈恬撰：《上虞县五乡水利本末》，载冯建荣主编《绍兴水利文献丛集》，广陵书社，2014 年。

9. ［明］萧良幹修，张元忭、孙鑛等纂：万历《绍兴府志》，载绍兴丛书编辑委员会编《绍兴丛书》，中华书局，2006 年。

10. ［明］刘光复：《经野规略》。

11. ［清］吕化龙修，［清］董钦德纂：康熙《会稽县志》，载绍兴丛书编辑委员会编《绍兴丛书》，中华书局，2006 年。

12.［清］程鹤鸶撰：《闸务全书》，载冯建荣主编《绍兴水利文献丛集》，广陵书社，2014年。

13.［清］李亨特修，［清］平恕，徐嵩纂：乾隆《绍兴府志》，载绍兴丛书编辑委员会编《绍兴丛书》，中华书局，2006年。

14.［清］徐元梅修，［清］朱文翰等纂：嘉庆《山阴县志》，载绍兴丛书编辑委员会编《绍兴丛书》，中华书局，2006年。

15.［民国］王世裕《塘闸汇记》，载绍兴丛书编辑委员会编《绍兴丛书》，中华书局，2006年。

二、著作研究类

16. 陈从周、潘洪萱著：《绍兴石桥》，上海科学技术出版社，1986年。

17. 方志良撰：《诸暨县文物志》，诸暨县文化广播电视局，1988年。

18. 张坚主编，新昌县水利志编纂委员会编：《新昌县水利志》，1989年。

19. 诸暨市委宣传部，诸暨征天综合开发公司编：《征天之路》，1990年。

20. 盛鸿郎主编：《鉴湖与绍兴水利》，中国书店，1991年。

21. 诸暨县水利电力局编，何文光主编：《诸暨县水利志》，西安地图出版社，1994年。

22. 绍兴市地方志编纂委员会编，任桂全总纂：《绍兴市志》，浙江人民出版社，1996年。

23. 上虞市水利局编：《上虞市水利志》，中国水利水电出版社，1997年。

24. 浙江省水利志编纂委员会编：《浙江省水利志》，中华书局，1998年。

25. 钱塘江志编纂委员会编：《钱塘江志》，方志出版社，1998年。

26. 新昌文物志编纂委员会编，潘表惠主编：《新昌文物志》，当代中国出版社，2001年。

27. 绍兴县文物保护管理所著：《绍兴县文物志》，浙江古籍出版社，2002年。

28. 嵊州市水利志编纂委员会编：《嵊州市水利志》，浙江大学出版社，2004年。

29. 宣传中主编，马志坚等撰稿：《绍兴文物志》，中华书局，2006年。

30. 诸暨市水利志编委会：《诸暨市水利志（1988—2003）》，方志出版社，2008年。

31. 浙江省文物局编：《浙江省第三次全国文物普查新发现丛书·水利设施》，浙江古籍出版社，2012 年。

32. 浙江省文物局编：《浙江省第三次全国文物普查新发现丛书·大运河遗产上》，浙江古籍出版社，2012 年。

33. 浙江省文物局编：《浙江省第三次全国文物普查新发现丛书·大运河遗产下》，浙江古籍出版社，2012 年。

34. 浙江省文物局编：《浙江省第三次全国文物普查新发现丛书·桥梁》，浙江古籍出版社，2012 年。

35. 绍兴县水利志编纂委员会编：《绍兴县水利志》，中华书局，2012 年。

36. 邱志荣著：《上善之水　绍兴水文化》，学林出版社，2012 年。

37. 新昌县水利志编纂委员会编：《新昌县水利志》，方志出版社，2014 年。

38. 邱志荣，陈鹏儿著：《浙东运河史上》，中国文史出版社，2014 年。

39. 邱志荣主编：《中国鉴湖》1—7 辑，中国文史出版社 2014—2020 年版。

40. 绍兴市水文化教育研究会、绍兴市鉴湖研究会编，徐智麟主编：《绍兴历代水利碑文纂辑》，中国文史出版社，2017 年。

41. 邱志荣著：《其枢在水：绍兴水利文化史》，中国社会科学出版社，2018 年。

42. 中共绍兴市委党史研究室、绍兴市地方志编纂室编，任桂全著：《绍兴城市文化论丛》，中国文史出版社，2020 年。

43. 绍兴市水利局、绍兴市鉴湖研究会编，邱志荣主编：《绍兴市水利志》，中国水利水电出版社，2021 年。

后记

　　金秋十月，丹桂飘香。伴随着《浙水遗韵·理水绍兴》的定稿，历时近两年的绍兴市重要水文化遗产调查工作也渐近尾声，即将迎来最后的丰硕成果。

　　回顾《浙水遗韵·理水绍兴》一书的编纂过程，最早可追溯至2021年4月。绍兴市水利局按照浙江省水利厅的统一部署，启动了绍兴市重要水文化遗产调查工作。2021年11月底，绍兴全面完成重要水文化遗产调查，并于同年12月和次年3月，分2批次顺利通过省级验收。

　　在普查基础上，绍兴市水利局于今年4月成立《浙水遗韵·理水绍兴》编纂委员会，通过深入挖掘治水事迹、治水理念、治水方略、治水精神等文化内涵，先后5次组织专家、学者对绍兴卷编纂工作开展专题研讨和座谈，经过4轮修订完善，终成洋洋洒洒十万字。

　　而《浙水遗韵·理水绍兴》一书的完成，离不开诸多支持与帮助。首先，要感谢在遗产调查过程中，不断给予指导的省、市、县三级专家，他们是蒋屏、徐有成、谢根能、邱志荣、魏义君、赵任飞、徐智麟、韩校生、周长荣、唐佳文。其次，要感谢在研讨修改过程中，多次给予指导的文史专家及学者，他们是任桂全、李能成、陈志坚。第三，要感谢在编纂过程中，热情给予支持的相关单位和个人，分别是绍兴市文化广电旅游局、越城区政协、绍兴图书馆、绍兴市文化馆、绍兴市档案馆、绍兴市城市建设档案馆、浙江越生文化创意有限公司等；

马阿祥、袁晓华、张寅、沈晓菁、金思玮、鱼建军、张伟成、卢建强、石飞飞、洪杨彬、孙可青、许佳黛、何正东、何立群、孙新栋、钱永欢、朱刚等。最后，要感谢《浙水遗韵·理水绍兴》全体编纂人员，他们利用业余时间，投入了大量精力。因为以上众人及单位的支持与努力，《浙水遗韵·理水绍兴》一书实现了最佳呈现，即水利遗产重点突出、水乡文化特色鲜明。

《浙水遗韵·理水绍兴》即将付梓，我们希望通过此书帮助广大读者，特别是水利系统干部职工，更好地了解绍兴治水历史、学习历代水利人的创造精神。同时，随着城市的建设和发展，部分水文化遗产得不到创新传承与保护这一问题，期待能够引起有关单位和部门的重视，进一步保护好、传承好、利用好水文化遗产，弘扬先进水文化，助推绍兴水利事业高质量发展。但是编纂水文化系列丛书，涉及城乡建设、水利交通、生态环境、文物保护、非遗传承、文化旅游等多个专业领域，是一项复杂的系统工程，由于资料和水平所限，难免存在疏误之处，敬请各位专家老师指导和广大读者指正。

是以记之。

《浙水遗韵·理水绍兴》编纂委员会

2022 年 10 月